AF626163

prima aktiv

A1.2 | Deutsch für Jugendliche
Arbeitsbuch

Sabine Jentges
Friederike Jin
Anjali Kothari

Cornelsen

prima aktiv
A1.2 | Deutsch für Jugendliche
Arbeitsbuch

Im Auftrag des Verlages erarbeitet von Sabine Jentges, Friederike Jin und Anjali Kothari
Phonetik: Friederike Jin
Landeskunde: Sabine Jentges

Redaktion: Maria Funk
Projektleitung: Kathrin Sokolowski und Anne Planz
Redaktionsleitung: Gertrud Deutz

Illustration: Doris Umschaden & Irina Zinner (Cover)

Umschlaggestaltung und Layoutkonzept: Rosendahl Berlin, Agentur für Markendesign
Technische Umsetzung: Straive

Basierend auf prima plus A1.2 von Friederike Jin und Lutz Rohrmann

Weitere Materialien und Informationen zur Lehrwerksreihe finden Sie unter:

www.cornelsen.de sowie
www.cornelsen.de/prima-aktiv

Soweit in diesem Lehrwerk Personen fotografisch abgebildet sind und ihnen von der Redaktion fiktive Namen, Berufe, Dialoge und Ähnliches zugeordnet oder diese Personen in bestimmte Kontexte gesetzt werden, dienen diese Zuordnungen und Darstellungen ausschließlich der Veranschaulichung und dem besseren Verständnis des Inhalts.

1. Auflage, 3. Druck 2025

Alle Drucke dieser Auflage sind inhaltlich unverändert und können im Unterricht nebeneinander verwendet werden.

© 2022 Cornelsen Verlag GmbH, Mecklenburgische Str. 53, 14197 Berlin,
E-Mail: service@cornelsen.de

Das Werk und seine Teile sind urheberrechtlich geschützt. Jede Nutzung in anderen als den gesetzlich zugelassenen Fällen bedarf der vorherigen schriftlichen Einwilligung des Verlages. Hinweis zu §§ 60 a, 60 b UrhG: Weder das Werk noch seine Teile dürfen ohne eine solche Einwilligung an Schulen oder in Unterrichts- und Lehrmedien (§ 60 b Abs. 3 UrhG) vervielfältigt, insbesondere kopiert oder eingescannt, verbreitet oder in ein Netzwerk eingestellt oder sonst öffentlich zugänglich gemacht oder wiedergegeben werden. Dies gilt auch für Intranets von Schulen und anderen Bildungseinrichtungen.

Der Anbieter behält sich eine Nutzung der Inhalte für Text- und Data-Mining im Sinne § 44 b UrhG ausdrücklich vor.

Schválilo MŠMT č. j.: MSMT-17936/2023-3 dne 21. 11. 2023 k zařazení do seznamu učebnic pro základní vzdělávání jako součást ucelené řady učebnic pro vzdělávací obor Cizí jazyk s dobou platnosti šest let.

Druck: H. Heenemann, Berlin

ISBN 978-3-06-122598-8 (Arbeitsbuch)
ISBN 978-3-06-122614-5 (E-Book)

PEFC
PEFC/04-31-1156

PEFC-zertifiziert
Dieses Produkt stammt aus nachhaltig bewirtschafteten Wäldern
www.pefc.de

8

11

9

12
Alles Gute zum Geburtstag!

10

13

14

Wegweiser

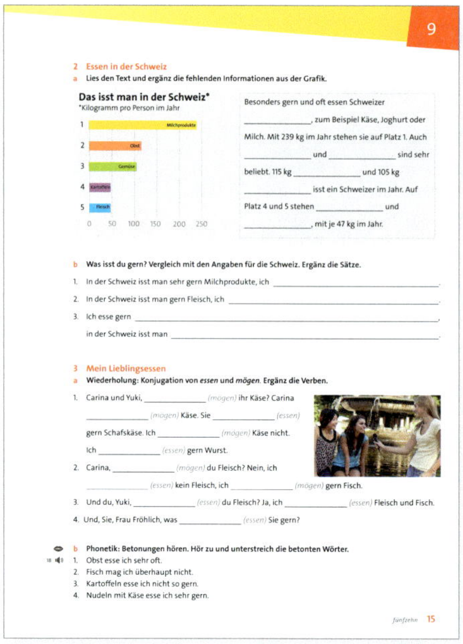

Im Kursbuch lernen – im Arbeitsbuch üben!

Im Kursbuch lernst du viele Wörter und Strukturen. Hier im Arbeitsbuch kannst du sie wiederholen und üben. Jede Aufgabe im Arbeitsbuch passt zur Aufgabe im Kursbuch. Es gibt keine neuen Lernwörter und keine neue Grammatik. Das ist praktisch!

Du kannst alle Aufgaben alleine oder in der Klasse machen.

Magazin

Liest du gern? Hörst du gern Podcasts?
Auf dieser Seite kannst du spannende Geschichten von Jugendlichen lesen oder hören. So kannst du dein Verständnis trainieren. Manchmal gibt es auch Rätsel, Reime oder Lieder.

Das ist wichtig für mich

Wie ist Deutschlernen für dich? Nach den Aufgaben kannst du hier dein Lieblingswort aus der Einheit notieren, was dich überrascht hat und auch, was schwierig war. Das ist eine Hilfe und Motivation für dich!

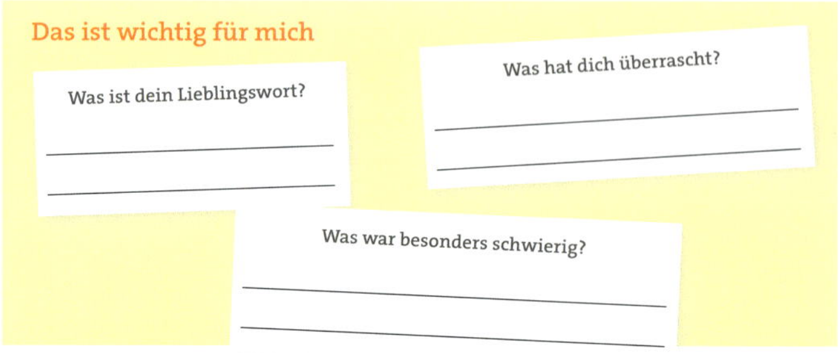

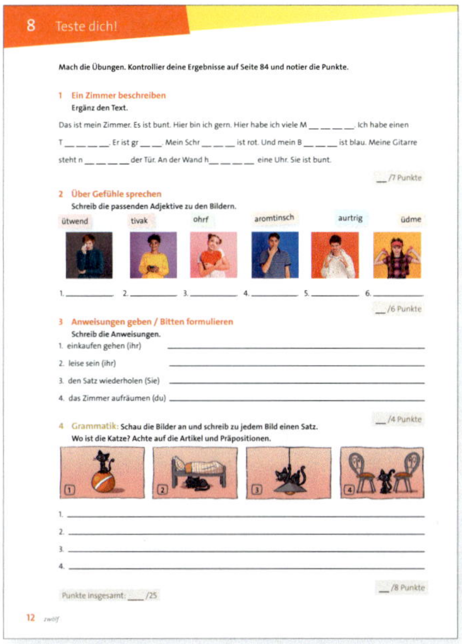

Teste dich!

Was kannst du gut? Was kannst du noch nicht so gut?
Am Ende jeder Einheit gibt es einen kleinen Test. Alle wichtigen Wörter und Strukturen dazu findest du im Kursbuch auf der Seite *Das kann ich jetzt*.
Du kannst deine Ergebnisse in den **Lösungen** auf Seite 84–87 selbst kontrollieren. Wie viele Punkte hast du?

25–21 → Super!
20–16 → Gut!
15–11 → Das geht besser!
10–0 → Üben, üben, üben, dann kannst du es!

Auf den Seiten 70–77 gibt es einen **Modelltest**.
Dort kannst du für die Prüfung *Fit in Deutsch* trainieren.

Meine Wörter

Das ist die letzte Seite jeder Einheit. Hier findest du alle wichtigen Wörter. Sie sind nach den Seiten im Kursbuch geordnet. Wie heißen die Wörter in deiner Sprache? Schreib es auf die Linien. Die Tipps helfen beim Lernen. Du kannst alle Wörter und Beispielsätze auch hören.

Fakten & Kurioses

Hier lernst du interessante Dinge über Deutschland, Österreich und die Schweiz. Dabei wiederholst du auch Wörter und Strukturen.

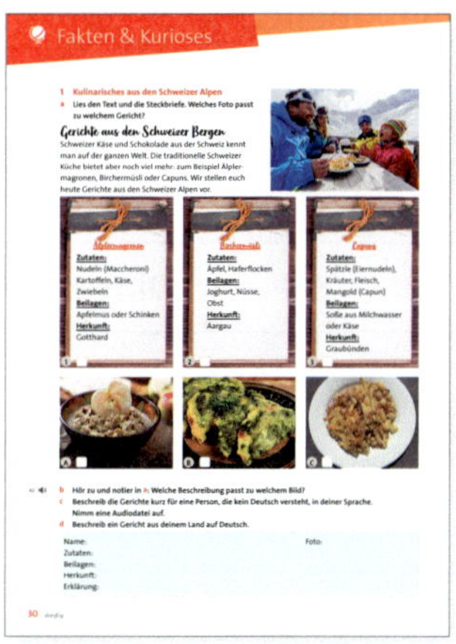

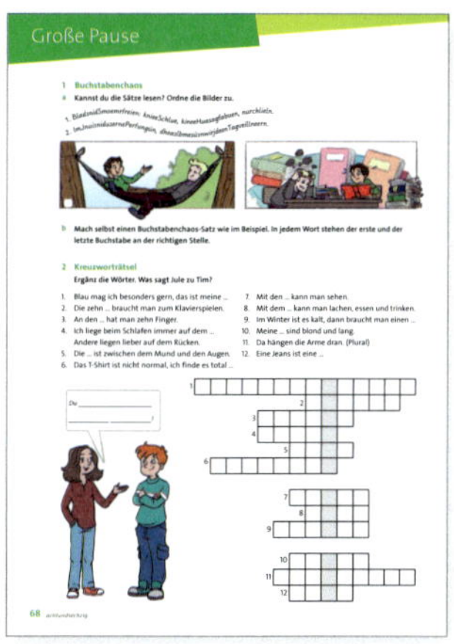

Kleine Pause und Große Pause

In der kleinen und großen Pause gibt es spielerische Aufgaben. So macht Lernen Spaß!

Eine Übersicht zur **Grammatik** gibt es auf Seite 78–83.

8 Das ist mein Zimmer

1 Mein Zimmer ist bunt

a Was findest du in diesem Zimmer? Schreib die Wörter mit Artikel und Pluralform.

1. der Schrank, die Schränke
2. ______________
3. ______________
4. ______________
5. ______________
6. ______________
7. ______________
8. ______________
9. ______________
10. ______________
11. ______________
12. ______________
13. ______________
14. ______________
15. ______________

02 **b** Hör zu und markier den Wortakzent in a. Ist der Vokal lang oder kurz?

2 Emotionen und Aktivitäten im Zimmer

a Diese Adjektive kennst du schon. Schreib sie in die Tabelle.

klein • traurig • interessant • groß • billig • blöd • einfach • froh • stark • wütend • teuer • rot • langweilig • ruhig • aktiv • romantisch • interessant • wild • alt • grün • toll • süß • prima • schnell

Dinge	Personen/Tiere	Dinge & Personen/Tiere
billig,	traurig,	interessant,

b Wer/Was ist wie? Schreib Sätze mit den Adjektiven.

Der Tisch ist klein.

____

____

3 So bin ich in meinem Zimmer

Was passt für dich zusammen? Verbinde und schreib passende Sätze.

gern tanzen	ruhig sein
gern Sport machen	aktiv sein
gern Musik hören	froh sein
gern lesen	wild sein
gern chatten	traurig sein
gern ...	...

In meinem Zimmer tanze ich gern.
Da bin ich oft wild.

4 Wie sieht dein Zimmer aus?

a Schreib Sätze zu den Bildern 1–8.

Das Bild		auf dem Schreibtisch.
Die Schuhe		über der Uhr an der Wand.
Die Lampe		hinter den Zeitschriften.
Der Stuhl	hängt/hängen	neben dem Bett auf dem Boden.
Die Gitarre	liegt/liegen	unter dem Tisch.
Der Laptop	steht/stehen	vor dem Fenster.
Die Bücher		zwischen dem Regal und dem Schreibtisch.
Die Jeans		in dem Regal.

1. Das Bild hängt über der Uhr an der Wand.

b Hör zu und markier. Welches Wort ist betont?

03

1. Nein, das Buch steht auf dem Tisch.
2. Nein, das Buch liegt unter dem Tisch.
3. Nein, das Buch liegt auf dem Stuhl.
4. Nein, das Heft liegt auf dem Tisch.

c Hör die Fragen a)–d). Welche Antwort aus b passt zu den Fragen?

04

Frage a) – Antwort: ____________________

Frage b) – Antwort: ____________________

Frage c) – Antwort: ____________________

Frage d) – Antwort: ____________________

d Hör noch einmal und sprich die Antwort laut.

5 Die Katze spielt Verstecken

Schreib die passende Präposition zum Bild.

an ________ ________ ________ ________ ________ ________ ________ ________

6 Ein Zimmer beschreiben

a Such die Artikel für die Wörter in der Wortliste im Kursbuch. Sieh dann das Bild an und ergänz die Präpositionen und Artikel im Dativ im Text.

Fenster • Couch • Tisch • T-Shirt • Stuhl • Tür • Wand • Bett • Decke • Boden • Regal

Ich heiße Max. Das ist mein Zimmer. Ich liebe Blau. In meinem Zimmer ist fast alles blau.

U________ d______ Fenster steht mein Bett. H________ d______ Bett a___ d______ Wand ist ein Regal. I___ d______ Regal stehen meine Lieblingsbücher. Ich liebe Comics. Z________ d______ Bett und d______ Fenster steht auch ein Regal. I___ d______ Regal sind viele Sachen. Mein Lieblings-T-Shirt hängt a___ d______ Regal. Ü______ d______ T-Shirt steht mein Lieblingsauto. Es ist rot. Ganz rechts steht mein Schreibtisch. A______ d______ Tisch liegen meine Hefte und Stifte. V______ d______ Tisch steht mein Stuhl. Er ist auch blau. U_____ d____ Regal, h________ d______ Stuhl liegt mein Basketball. Ich liebe mein Zimmer.

b Lies den Text noch einmal und sieh das Bild an. Beantworte die Fragen in deinem Heft.

1. Was liest Max gern?
2. Wo ist sein Lieblings-T-Shirt?
3. Wie viele Fenster hat das Zimmer?
4. Wo sind Max' Schuhe?

c Was siehst du noch auf dem Bild? Wo ist was? Schreib fünf Sätze. Das Wörterbuch hilft.

7 Pauls und Noras Traumzimmer

05 **a Welche Überschrift passt am besten? Hör zu und kreuz an.**

☐ Die Hängematte ☐ Mein Traumzimmer ☐ Ein Interview

b Hör noch einmal und beantworte die Fragen. Schreib Sätze.

1. Wie groß ist Annas Traumzimmer?
2. Welche Sachen hat sie im Traumzimmer?
3. Wie viele Katzen hat sie?
4. Was hängt an der Decke?
5. Wo sind ihre Kuscheltiere?
6. Was macht sie in der Hängematte?

1. Annas Zimmer ist ________

06 🔊 **8 Komm herein – das ist mein Zimmer**

Hör zu. Was ist falsch in Bild 1? Was fehlt? Zeichne richtig in Bild 2.

9 Mach dies – mach das!

a Was sagen die Personen? Du, ihr oder Sie? Verbinde, was passt.

Mama → Kind

Schüler/-in → zwei Lehrer/-innen

Freund → Freundin

du

Sie

ihr

Papa → Kinder

Sohn → Eltern

Lehrer/-in → Schüler/-in

b Schreib die Aufforderungen und Bitten.

1. du: den Schrank aufräumen ___Räum___ mal ______________________!
2. ihr: die Musik leise machen ______________ bitte ______________________!
3. ihr: die Wörter wiederholen ______________ mal ______________________!
4. du: den Text laut lesen ______________ bitte ______________________!
5. du: nach Hause kommen ______________ bitte ______________________!

10 Phonetik

07 🔊 **a** Das weiche *b* und das harte *p* – was hörst du? Hör zu und kreuz an.

	b	*p*		*b*	*p*		*b*	*p*
das Buch	☐	☐	ich schrei•be	☐	☐	halb acht	☐	☐
das Pa•pier	☐	☐	du schreibst	☐	☐	ar•bei•ten	☐	☐

08 🔊 **b** *g*/*k* und *d*/*t* – Was hörst du? Hör zu und kreuz an.

	g	*k*		*g*	*k*		*g*	*k*
die Gi•tar•re	☐	☐	ich lie•ge	☐	☐	ge•müt•lich	☐	☐
das Kla•vier	☐	☐	es liegt	☐	☐	mon•tags	☐	☐
	d	*t*		*d*	*t*		*d*	*t*
den•ken	☐	☐	das Bild	☐	☐	der Bo•den	☐	☐
tan•zen	☐	☐	die Bil•der	☐	☐	wü•tend	☐	☐

P 11 Bitten/Aufforderungen und Reaktionen

Sieh die Karten an und schreib passende Bitten oder Fragen.

Hol doch bitte …

Wie viel kostet …?

Gib mir bitte …

Hast du einen …?

12 Abenteuer mit Freunden

a **Lies die Abschnitte und bring sie in die richtige Reihenfolge.**

☐ Krrrr … Sie hören eine Stimme und bekommen Angst. Die Stimme ist Bob. Er ist 100 Jahre alt und kennt viele Geheimnisse.

☐ Da klingelt Peters Handy im Baumhaus. Wie kann das denn sein?

☐ Lisa und Toni sehen im Wald ein Baumhaus. Sie gehen in das Haus. Es ist sehr schön und hell. Auf dem Boden steht eine Kiste. Toni fragt Lisa: „Wohnt hier jemand?“

☐ Toni und Lisa möchten die Tür öffnen und schnell weglaufen. Aber die Tür geht nicht auf. Toni und Lisa haben sehr viel Angst und rufen Peter an. Sein Papa ist Polizist. Bob ist wütend. Er sagt: „Gib mir dein Handy!“

☐ Jetzt ist alles klar. Bob ist nicht Bob – Peter ist Bob. Es ist sein Baumhaus. Hier hat er ganz viel Platz für ganz viel Spaß mit Freunden.

b **Was passt zusammen? Schreib die Geschichte weiter. Was machen die Freunde jetzt?**

super Tag • Sie machen • zusammen Eis essen. • ein Poster mit Regeln • Die Freunde chillen • So ein • die Freunde • Dann gehen • im Baumhaus. • für das Baumhaus. • noch zwei Stunden

Das ist wichtig für mich

Was ist dein Lieblingswort?

____

____

Was hat dich überrascht?

____

____

Was war besonders schwierig?

____

____

Das Wohnmagazin

a Lies die Wörter, welche Wörter reimen sich? Verbinde.

Zimmer hier Korb vier

nett genau Tisch Bett

Fisch Sport immer blau

b Schreib ein Gedicht: Schau das Bild an und ergänz Wörter aus a in den gelben Kästen.

Mein Zimmer

Mein __________ – hier bin ich immer.

Ganz rechts steht mein __________.

Mit vielen Kuscheltieren – das ist ganz __________.

Mein Schreibtisch ist __________,

das sieht man __________.

Katzen hab ich __________.

Sie liegen immer __________.

Ja, vor dem Regal steht ihr __________.

Hier machen sie manchmal Yoga, manchmal __________.

Vor dem Fenster steht mein __________.

Hier steht ein Aquarium mit einem __________.

Ich liebe mein Zimmer – hier bin ich __________!

c Lies das Gedicht nun und ergänz die Reimwörter aus a in den blauen Kästen.

09 **d Hör das ganze Gedicht zur Kontrolle und sprich nach. Achte auf den Rhythmus.**

Mach die Übungen. Kontrollier deine Ergebnisse auf Seite 84 und notier die Punkte.

1 Ein Zimmer beschreiben

Ergänz den Text.

Das ist mein Zimmer. Es ist bunt. Hier bin ich gern. Hier habe ich viele M __ __ __ __. Ich habe einen T __ __ __ __. Er ist gr __ __. Mein Schr __ __ __ ist rot. Und mein B __ __ __ ist blau. Meine Gitarre steht n __ __ __ __ der Tür. An der Wand h__ __ __ __ eine Uhr. Sie ist bunt.

___/7 Punkte

2 Über Gefühle sprechen

Schreib die passenden Adjektive zu den Bildern.

ütwend tivak ohrf aromtinsch aurtrig üdme

1. ____________. 2. ____________. 3. ____________. 4. ____________. 5. ____________. 6. ____________.

___/6 Punkte

3 Anweisungen geben / Bitten formulieren

Schreib die Anweisungen.

1. einkaufen gehen (ihr) ______________________________
2. leise sein (ihr) ______________________________
3. den Satz wiederholen (Sie) ______________________________
4. das Zimmer aufräumen (du) ______________________________

___/4 Punkte

4 Grammatik: **Sieh die Bilder an und schreib zu jedem Bild einen Satz. Wo ist die Katze? Achte auf die Artikel und Präpositionen.**

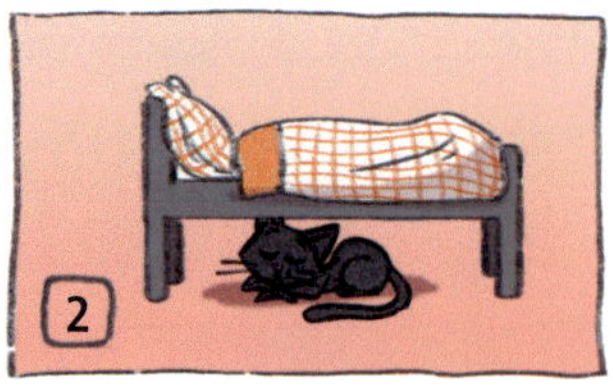

1. ______________________________
2. ______________________________
3. ______________________________
4. ______________________________

___/8 Punkte

Punkte insgesamt: ____/25

10 Seite 6

das Zimmer, - ______
das Poster, - ______
das Bett, -en ______
der Schrank, -ä-e ______
die Lampe, -n ______
der Stuhl, -ü-e ______
das Regal, -e ______
der Papierkorb, -ö-e ______
der Teppich, -e ______
die Couch, -(e)s ______
die Wand, -ä-e ______
der Tisch, -e ______
das Bild, -er ______

11 Seite 7

froh ______
romantisch ______
traurig ______
wild ______
ruhig ______
wütend ______
aktiv ______
In meinem Zimmer bin ich aktiv.
hassen ______
schlafen, schläft ______
Hier schlafe ich.

12 Seite 8 und 9

das Fenster, - ______
der Boden, -ö- ______
der Schreibtisch, -e ______
hängen ______
Die Uhr hängt über dem Bett.
liegen ______
Die Zeitschriften liegen auf dem Boden.
das Internet *(nur Sg.)* ______
sitzen ______

13 Seite 10

die Kiste, -n ______
ordentlich ______
Mein Zimmer ist nicht immer ordentlich.
schön ______
hell ______
gemütlich ______
Das Zimmer ist hell und gemütlich.
der Quadratmeter, - ______
Das Zimmer ist 30 Quadratmeter groß.
das Sofa, -s ______
der Meter, - ______
Mein Sofa ist drei Meter lang.
die Pflanze, -n ______
der Fernseher, - ______
die Musikanlage, -n ______
der Lautsprecher, - ______
die Möbel *(nur Pl.)* ______
Welche Möbel hat Nora?
die Blume, -n ______
denn ______
Ich liebe mein Zimmer, denn normal ist langweilig.
die Decke, -n ______

14 Seite 11

aufräumen ______
Räum dein Zimmer auf!
leise ______
Seid bitte leise!

15 Seite 13

laut ______
Sei nicht so laut!
das Geheimnis, -se ______
Ich kenne viele Geheimnisse.

Präpositionen

Tipp
Lern Wörter als Reimpaare:
der Tisch – der Fisch

9 Guten Appetit!

1 Frühstück

16 a **Wie heißen die Lebensmittel? Schreib mit Artikel und Pluralform, wenn möglich. Ergänz dann den Wortakzent und hör zur Kontrolle.**

1. das Brötchen, die Brötchen
2. ____________
3. ____________
4. ____________
5. ____________
6. ____________
7. ____________
8. ____________
9. ____________
10. ____________

b **Was sagt man? Ergänz die Sätze.**

1. ____________ Appetit!
2. Das ____________ lecker!
3. Ich ____________ Durst.
4. ____________ du Hunger?

c **Unbestimmter Artikel oder kein Artikel? Ergänz die Sätze.**

1. ● Möchtest du gern ___ein___ Ei zum Frühstück? ■ Ja, gern.
2. Ich mag ___x___ Kaffee nicht, ich trinke gern ________ Glas Wasser.
3. Trinkst du ________ Saft oder ________ Milch?
4. ● Möchtest du ________ Brötchen mit ________ Salami?
   ■ Ich möchte ________ Brötchen mit ________ Käse.
5. ● Möchtest du ________ Brötchen oder ________ Croissant?
   ■ Ich möchte ________ Croissant mit ________ Marmelade.
6. ● Magst du ________ Wurst? ■ Nein, ich esse lieber ________ Obst.

17 d **Phonetik: Das lange *O* und das lange *U*. Hör zu und markier. Sind die Vokale *o* und *u* lang oder kurz? Hör dann noch einmal und sprich nach.**

1. das Obst – die Cola – Opa – am Donnerstag – kochen
2. super – die Mutter – der Kuchen – die Wurst – gut – cool

2 Essen in der Schweiz

a Lies den Text und ergänz die fehlenden Informationen aus der Grafik.

Das isst man in der Schweiz*

*Kilogramm pro Person im Jahr

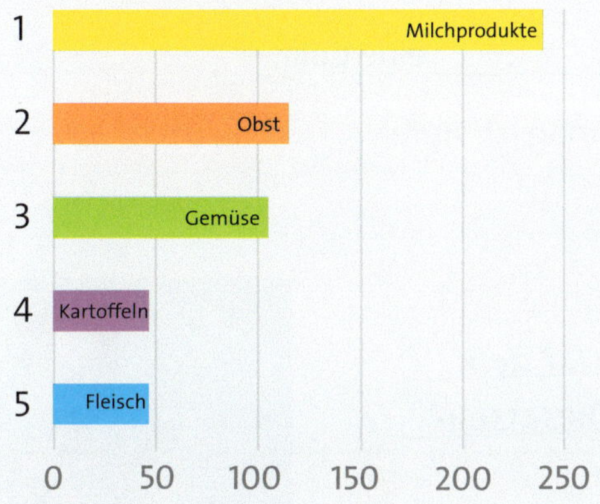

Besonders gern und oft essen Schweizer ____________, zum Beispiel Käse, Joghurt oder Milch. Mit 239 kg im Jahr stehen sie auf Platz 1. Auch ____________ und ____________ sind sehr beliebt. 115 kg ____________ und 105 kg ____________ isst ein Schweizer im Jahr. Auf Platz 4 und 5 stehen ____________ und ____________, mit je 47 kg im Jahr.

b Was isst du gern? Vergleich mit den Angaben für die Schweiz. Ergänz die Sätze.

1. In der Schweiz isst man sehr gern Milchprodukte, ich ____________.
2. In der Schweiz isst man gern Fleisch, ich ____________.
3. Ich esse gern ____________,
   in der Schweiz isst man ____________.

3 Mein Lieblingsessen

a Wiederholung: Konjugation von *essen* und *mögen*. Ergänz die Verben.

1. Carina und Yuki, ____________ *(mögen)* ihr Käse? Carina ____________ *(mögen)* Käse. Sie ____________ *(essen)* gern Schafskäse. Ich ____________ *(mögen)* Käse nicht. Ich ____________ *(essen)* gern Wurst.
2. Carina, ____________ *(mögen)* du Fleisch? Nein, ich ____________ *(essen)* kein Fleisch, ich ____________ *(mögen)* gern Fisch.
3. Und du, Yuki, ____________ *(essen)* du Fleisch? Ja, ich ____________ *(essen)* Fleisch und Fisch.
4. Und, Sie, Frau Fröhlich, was ____________ *(essen)* Sie gern?

b Phonetik: Betonungen hören. Hör zu und unterstreich die betonten Wörter.

18

1. Obst esse ich sehr oft.
2. Fisch mag ich überhaupt nicht.
3. Kartoffeln esse ich nicht so gern.
4. Nudeln mit Käse esse ich sehr gern.

4 Mahlzeiten

a Ergänz die Sätze mit *gern, lieber, am liebsten.*

1. Reis esse ich nicht so ______________, ich esse ______________ Nudeln.
2. Möchtest du ______________ Cola oder Tee?
3. Tee mag ich nicht. Ich möchte ______________ eine Cola.
4. Ich esse gern Obst. ______________ mag ich Äpfel.

b Was passt? Verbinde und schreib Fragen.

1. Was ist dein	Lieblingsessen?
2. Was isst	nicht?
3. Wo isst du	in deiner Familie?
4. Wer kocht	am Mittag?
5. Was magst du	du gern?

1. Was ist dein Lieblingsessen?

5 Meine Essgewohnheiten

Beantworte die Fragen aus 4b und schreib einen Text in dein Heft.

19 ## 6 Schulkantine

Schreib den Dialog und hör zur Kontrolle.

- Ich gehe essen. Kommst du mit?
- ______________________________
- Hamburger mit Pommes. Magst du Hamburger?
- ______________________________
- Es gibt auch Gemüseburger mit Pommes und Salat.
- ______________________________
- Zum Nachtisch können wir Erdbeerjoghurt essen.
- ______________________________

Okay, und zum Nachtisch?

Klar, was isst du heute?

Lecker, den mag ich. Ich komme mit.

Nein, Hamburger mag ich gar nicht. Ich esse vegetarisch.

7 Zusammengesetzte Nomen

a Ergänz den Artikel.

1. die Kartoffel	der Salat	________	Kartoffelsalat
2. die Nudel	die Suppe	________	Nudelsuppe
3. der Käse	die Soße	________	Käsesoße
4. der Curry	die Wurst	________	Currywurst

20 **b Hör zu, sprich nach und markier den Wortakzent.**

8 Am Imbiss

21 **a Hör zu und kreuz an, richtig oder falsch.**

	Richtig	Falsch
1. Der Junge möchte keine Salami.	☐	☐
2. Er möchte ein Wasser.	☐	☐
3. Das kostet zusammen 2,20 Euro.	☐	☐

b Lies die Fragen. Was passt? Kreuz an.

	Ja	Nein	Doch		Ja	Nein	Doch
1. Magst du Pommes?	☐	☐	☐	5. Möchtest du etwas trinken?	☐	☐	☐
2. Isst du nicht gern Gemüse?	☐	☐	☐	6. Magst du keine Cola?	☐	☐	☐
3. Kennst du keinen Joghurt?	☐	☐	☐	7. Kennst du Müsli?	☐	☐	☐
4. Trinkst du gern Tee?	☐	☐	☐	8. Frühstückst du nicht?	☐	☐	☐

22 **c Hör zu und antworte immer mit *ja* oder mit *doch*.**

Doch, ich kann kochen.

9 Was möchtest du?

Beschreib in deiner Sprache, was das ist. Such im Internet, wenn du es nicht weißt.

Laugenbrezel

Baklava

Brötchen mit Thunfisch

10 Salat: Beilage und Hauptgericht

23 **a Lies die Sätze und hör das Gespräch von Gitta und Marco. Kreuz an, was ist richtig?**

1. Gitta und Marco sind	☐ in der Küche.	☐ im Restaurant.	☐ im Supermarkt.
2. Sie kochen	☐ Käsespätzle.	☐ Spaghetti.	☐ Tomatensalat.
3. Gitta sagt:	☐ Hilfe!	☐ Da haben wir den Salat!	☐ Das sind doch Nudeln!

P **b Lies den Text und kreuz an, richtig oder falsch.**

Redewendung: „Da haben wir den Salat"

Gitta und Marco kochen Nudeln mit Tomatensoße, doch jetzt liegt das Essen auf dem Boden. Gitta sagt: „Da haben wir den Salat!“ Und Marco antwortet: „Das sind doch Nudeln!" Das stimmt: Es ist kein Salat und auch kein Nudelsalat. Mit dem Satz „Da haben wir den Salat!“ meint Gitta: Das Essen liegt auf dem Boden und das Zimmer ist ein Chaos. Warum spricht man von Salat und zum Beispiel nicht von Nudeln? Das ist ganz einfach: In einem Salat sind viele Lebensmittel. Alle sind durcheinander gemischt. Das ist ein großes, buntes Chaos.

	Richtig	Falsch
1. Der Salat von Gitta und Marco liegt auf dem Boden.	☐	☐
2. „Da haben wir den Salat“ ist eine Redewendung.	☐	☐
3. Salat ist wie ein großes, buntes Chaos.	☐	☐

c **Was *müssen* und was *möchten* Gitta und Marco? Ergänz das passende Verb.**

1. Gitta und Marco haben Hunger, sie kochen. Sie ___________ Nudeln essen.
2. Marco ___________ lieber die Nudeln kochen und Gitta ___________ die Tomatensoße machen.
3. Sie ___________ essen, aber das Essen fällt auf den Boden. Jetzt ___________ sie neues Essen kochen.

11 Isst du gern Salat? Jugendliche berichten

a **Lies den Kommentar. Mit welchem Emoticon möchtest du antworten?**

primablogspot.de

Salat, Salat, Salat
Alle sagen, Salat ist gesund, ist lecker, ist gut und vegetarisch.
Aber, mal ehrlich: Salat = 95 % Wasser!
Salat schmeckt nicht.
Ich finde, Obst und Gemüse sind gesund, aber kein Salat!!!
Und lecker sind Nudeln und Pizza, aber kein Salat!!!
Ich mag keinen Salat!
Schöne Grüße von Liliane

b **Was meint Liliane? Was meinst du? Kreuz an.**

	Liliane	ich
1. Salat ist nicht gesund.	☐	☐
2. Salat schmeckt lecker.	☐	☐
3. ... mag Salat.	☐	☐

c **Schreib selbst einen Kommentar wie in a mit passenden Smileys in dein Heft.**

Das ist wichtig für mich

Was ist dein Lieblingswort?

____

____

Was hat dich überrascht?

____

____

Was war besonders schwierig?

____

____

Was kochen wir heute?

a Yann und Haline kochen. Was essen sie? Kreuz an, welches Bild passt?

Hier ist das Rezept:

1. *Kartoffeln und Zwiebel schälen und schneiden*
2. *Kartoffeln und Zwiebeln reiben*
3. *Ei, Mehl und Salz dazugeben, dann mischen*
4. *Kartoffelmasse in kleinen Portionen in einer Pfanne mit Öl braten*
5. *Mit Apfelmus essen*

schälen

reiben

mischen

braten

☐ Bratkartoffeln

☐ Folienkartoffeln

☐ Kartoffelpuffer

b Was essen Yann und Haline zum Nachtisch? Kreuz an, welches Bild passt.

Yann und Haline haben Lust auf Nachtisch. Sie gehen in die Eisdiele und essen ihr Lieblingseis: Vanilleeis mit Erdbeersoße. Es sieht aus wie Nudeln.

☐ Waffeln

☐ Vanilleeis-Waffel

☐ Spaghetti-Eis

c Und du? Schreib Antworten.

Was kochst du am liebsten?

____

Was isst du gern zum Nachtisch?

____

Mach die Übungen. Kontrollier deine Ergebnisse auf Seite 84 und notier die Punkte.

1 Sagen, was man gern isst – vergleichen

Ergänz die Sätze: *gern – lieber – am liebsten*?

1. Trinkst du ____gern____ Milch? Trinkst du ____________ Saft oder Wasser?
   Was trinkst du ____________: Milch, Saft oder Wasser?
2. Carolin isst ____________ Joghurt zum Nachtisch, ihr Bruder mag Joghurt nicht so ____________, er isst ____________ Eis. ____________ isst er Vanilleeis.
3. Ich esse ____________ Kuchen als Eis. ____________ esse ich Apfelkuchen.
   Erdbeerkuchen esse ich auch ____________.

___/9 Punkte

2 Sagen, was man morgens, mittags, abends isst

Ergänz die Sätze.

Morgens: Zum ________________ esse ich ________________ 
mit ________________  und trinke ________________ .
Mittags: Zum ________________ esse ich manchmal ________________ 
und trinke ________________ .
Abends: Zum ________________ esse ich oft ________________ 
und trinke ________________ .

___/10 Punkte

24 ## 3 Am Imbiss etwas bestellen

Welche Reaktion passt? Hör zu und notier.

_____ a) Doch, einen Salat bitte.

_____ b) Eine Cola, bitte.

_____ c) Nein, danke!

___/3 Punkte

4 Grammatik: Ergänz die Sätze mit *ja*, *nein* oder *doch*.

1. ● Isst du gern Käse? ■ ____________, Käse esse ich nicht gern.
2. ● Magst du keinen Salat? ■ ____________, ich liebe Salat.
3. ● Magst du Bananen? ■ ____________, aber ich esse lieber Äpfel.

___/3 Punkte

Punkte insgesamt: ____/25

25 ## Seite 16

die Gurke, -n ______
die Tomate, -n ______
der Tee, -s ______
das Brot, -e ______
der Saft, -ä-e ______
der Kaffee, -s ______
das Mineralwasser, -ä- ______
die Marmelade, -n ______
das Müsli, -s ______
der Kuchen, - ______
der Fisch, -e ______
die Wurst *(hier nur Sg.)* ______
das Ei, -er ______
schmecken ______
lecker ______
Das schmeckt lecker.
der Hunger *(nur Sg.)* ______
der Durst *(nur Sg.)* ______
der Apfel, Ä- ______
die Erdbeere, -n ______
die Milch *(nur Sg.)* ______
das Obst *(nur Sg.)* ______
der Käse *(nur Sg.)* ______
das Brötchen, - ______

26 ## Seite 17

das Frühstück *(nur Sg.)* ______
essen, isst ______
Das kann man essen.
trinken ______
Trinkst du gerne Milch?
kennen ______
Schafskäse kenne ich (nicht).

27 ## Seite 18

die Kartoffel, -n ______
die Nudel, -n ______
das Gemüse *(nur Sg.)* ______
die Schokolade, -n ______
das Fleisch *(nur Sg.)* ______

28 ## Seite 19

lieber als ______
Er mag lieber Milch als Saft.
gern, lieber, am liebsten ______
Er mag Tee am liebsten.
das Mittagessen *(nur Sg.)* ______
die Kantine, -n ______
das Abendessen *(nur Sg.)* ______
die Suppe, -n ______

29 ## Seite 20 und 21

das Menü, -s ______
vegetarisch ______
die Tomatensoße, -n ______
der Hamburger, - ______
die Pommes *(nur Pl.)* ______
der Nachtisch, -e ______

30 ## Seite 22 und 23

mit ______
Salat mit Gemüse.
müssen, muss ______
schneiden, schneidet ______
Melisa muss das Gemüse schneiden.
waschen, wäscht ______
der Lieblingssalat, -e ______
zuerst ... dann ______
Zuerst den Salat waschen, dann eine Soße machen.

Tipp

Lern die Wörter mit persönlicher Bedeutung.

10 Kommst du mit?

1 Das mache ich gern!

a Was passt zusammen? Verbinde.

Freunde Musik Bäume
eine Serie / einen Film
ein Video ein Buch ein Fahrrad

sehen lesen hören
pflanzen treffen
reparieren machen

b Was machst du (nicht) gern?
Schreib vier Sätze mit den Wörtern aus a.

Ich treffe gern Freunde.

2 Unsere Freizeit

a Verbinde die Fragen. Es gibt mehrere Möglichkeiten.

Wann
Wie lange
Wie oft
Wie viele Stunden

stehst du am Wochenende auf?
arbeitest du am Wochenende?
bist du mit deinen Freunden zusammen?
gehst du ins Bett?
kommst du nach Hause?
machst du Hausaufgaben?
machst du Sport?
gehst du morgens aus dem Haus?
sitzt du vor dem Computer?

Wann stehst du am Wochenende auf?

b Beantworte die Fragen für dich.

Am Samstag stehe ich um 9 Uhr auf, denn um 10 Uhr spiele ich Fußball.

3 Am Wochenende

31 **a Ergänz den Dialog und hör zur Kontrolle.**

Nachmittag • Ahnung • besuche • kommen • meine • machen • Holst ... ab • ~~Samstag~~ • Samstag • Zeit • Stadt

- ● Was machst du am *Samstag*?
- ■ Da ______ ich mittags ______ Tante.
- ● Oh, blöd. Und am ______?
- ■ Keine ______. Ab drei habe ich ______.
- ● Gehen wir in die ______?
- ■ Was möchtest du da ______?
- ● Weiß ich nicht, aber Steffi und Olli ______ auch.
- ■ Okay. ______ du mich ______?
- ● Klar, ich bin um vier da.
- ■ Alles klar. Bis ______ um vier.

b **Verneinung mit *nicht* oder *kein*. Schreib die Sätze mit *nicht* oder *kein*/*-e*/*-en*.**
Die Position von der Verneinung ist mit • markiert.

1. Ich **lese** • gern.
2. Ich habe • **Fahrrad**.
3. Mein Bruder **fährt** • gern Fahrrad.
4. Ich **gehe** morgen • ins Schwimmbad.
5. Robert hat • **Bruder**.
6. Ich **telefoniere** • viel mit dem Handy.
7. Er hat • **Freundin**.
8. Sie haben • **Zeit**.
9. Lara **mag** Computerspiele •.
10. Ich **gehe** heute • in die Stadt. Ich habe • **Lust**.

4 Verabredungen

Lies die Nachrichten und bring sie in die richtige Reihenfolge.

Hi, Anton, ich gehe schwimmen, kommst du mit?

☐ Ich muss mittags noch lernen. Am Montag ist der Bio-Test.

☐ 👍

☐ Um 12 Uhr am Schwimmbad? Wir können dort Pommes und eine Wurst zu Mittag essen.

☐ Klar, so viel ist es nicht. Dann können wir um 14 Uhr im Schwimmbad sein.

☐ Uaaarg! Stimmt! Ich auch.

☐ Dann lernen wir zusammen. Das macht mehr Spaß.

☐ Hi, Tim, gerne. Wann denn?

☐ Gute Idee. Um 11 Uhr? Zwei Stunden sind genug.

P

5 Veranstaltungen

32 **Du hörst eine Nachricht am Telefon. Zu der Nachricht gibt es zwei Aufgaben. Lies die Aufgaben und hör dann die Nachricht zweimal. Kreuz an: A, B oder C.**

1. Luca möchte am liebsten

A zum Mathe-Zirkel.

B zum Theaterworkshop.

C zum Lesetreff.

2. Die Veranstaltung ist am

A Montag von 16–20 Uhr.

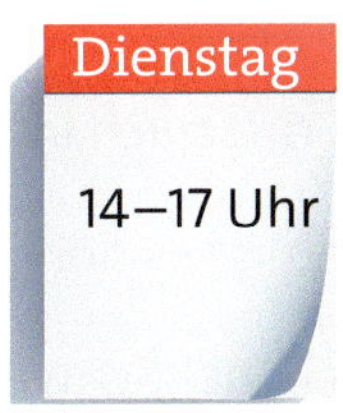

B Dienstag von 14–17 Uhr.

C Mittwoch um 17 Uhr.

6 Monate und Jahreszeiten

a Wie viele Tage haben die Monate? Schreib die Zahlen und die Monate.

28/29 Tage achtundzwanzig oder ______ Tage: Februar

30 Tage ______ Tage: April, ______

31 Tage ______

b Jahreszeiten. Ordne zu: Welche Wörter passen zu welchem Foto? Es gibt mehrere Möglichkeiten.

Frühling
Sommer
Herbst
Winter
grün
gelb
braun
weiß
eislaufen
schwimmen
Eis essen
lesen
klettern

1 2 3 4

fernsehen
wandern
eine Gartenparty machen
in die Berge fahren
ans Meer fahren
Skateboard fahren
Ferien
heiß
eine Fahrradtour machen
Ski laufen
Fußball spielen

7 Wann ist das?

a Schau im Internet nach und ergänz die Monatsnamen.

1. Im Januar beginnt in vielen Ländern das neue Jahr.
2. Im ______ und im ______ ist Karneval.
3. Im ______ ist der „Internationale Frauentag".
4. Im ______ ist der Nationalfeiertag in der Schweiz.
5. Im ______ ist seit 1990 der „Tag der deutschen Einheit".
6. Im ______ ist der Nationalfeiertag in Österreich.
7. Im ______ ist Weihnachten.

2

4

5

6

7

b Ergänz die Präpositionen *um, im, am*. Such die Antworten im Internet.

1. Ich rufe im Mai ______ 12 Uhr aus Berlin in Shanghai an. Wie viel Uhr ist es in Shanghai?
2. In Deutschland beginnt der Frühling ______ März. Welche Jahreszeit beginnt in Brasilien?
3. Ich wohne in München. Mein Freund ruft mich immer ______ Abend, ______ 9 Uhr, aus San Francisco an. Welche Tageszeit ist es dort?
4. ______ Sonntag arbeitet man in der Schweiz nicht. Und wann arbeitet man in Israel nicht?

8 Schulzeit und Ferienzeit

a Wie heißen die Ferien? Lies den Blog im Kursbuch noch einmal und ergänz die Sätze.

1. Im Januar oder Februar sind die ___Winterferien___.
2. Die ______________ sind im März oder April.
3. Zwischen Juli und September sind dann die ______________.
4. Ende Oktober haben wir ______________.
5. Das Jahr endet (und beginnt) mit den ______________.

b Ergänz den Text.

primablogspot.de

Hi, ich bin Vasilios, ich komme aus Thessaloniki und bin jetzt ein Jahr in Basel. Heute schreibe ich euch Inf_ _ zu den Ferien. In Griechenland haben wir im Som_ _ _ lange Ferien: 3 Monate. An Ostern und Weihna_ _ _ _ _ haben wir zwei Wochen Feri_ _. Das sind zusammen vier Mon_ _ _ Ferien.
Hier in Basel ist es ga_ _ anders. Die Ferien im Sommer si_ _ sehr kurz, nur sechs Woc_ _ _. Aber wir haben hier i_ der Schweiz noch viele andere Ferien: zw_ _ Wochen Sportferien im Febr_ _ _, zwei Wochen Frühlingsferien im Apr_ _, zwei Wochen Herbstferien im Okto_ _ _ und zwei Wochen Weihnachtsferien. Da_ sind zusammen auch vier_ _ _ _ Wochen Ferien.

9 Meine Zeit

Ergänz die Tabelle und dann die Sätze.

wollen			
ich	______	wir	______
du	______	ihr	______
er/es/sie	______	sie	______

1. Meine Schwester ______ Gitarre lernen.
Aber meine Eltern ______ das nicht. Sie sagen, meine Schwester braucht die Zeit für die Schule.

2. ● Was ______ du heute nach der Schule machen?
■ Ich ______ im Park chillen. Mia kommt auch. Wir ______ Musik hören.
● ______ ihr etwas essen? Ich kann Döner mitbringen.

10 Phonetik: *w*

33 **a Hör zu und kreuz an. Welches Wort hörst du?**

1. ☐ will ☐ Bill
2. ☐ wer ☐ Bär
3. ☐ Wald ☐ bald
4. ☐ wild ☐ Bild
5. ☐ wohnen ☐ Bohnen

b Hör noch einmal und sprich nach.

c **Hör zu und notier. Hörst du ein *f* oder ein *w*?**

34

1. ☐ vier	4. ☐ verkaufen	7. ☐ Volleyball	10. ☐ Viertel
2. ☐ Video	5. ☐ verstehen	8. ☐ vielleicht	11. ☐ Vase
3. ☐ viel	6. ☐ Verb	9. ☐ versuchen	12. ☐ vor

11 Spiel: *wollen* und *müssen*

Schreib die Sätze mit der richtigen Form von *müssen* oder *wollen*.

1. aufstehen / um 6 / ich / jeden Morgen / müssen / . ______
2. kommen / zu mir / du / am Mittwoch / wollen / ? ______
3. lernen / für den Test / wir / heute / müssen / . ______
4. kommen / am Samstag / ihr / zu uns / wollen / ? ______
5. machen / Anna / die Hausaufgaben / müssen / . ______

12 Einen Songtext schreiben

Was musst du, was willst du? Sortier die Aktivitäten.

chillen, klettern, spazieren gehen, schwimmen, fotografieren, singen, Hausaufgaben machen, Wörter lernen, Freunde treffen, früh aufstehen, Fußball spielen, lesen, Musik machen, Musik hören, Sport machen, Fahrrad fahren, einkaufen, einen Blogtext schreiben

Das muss ich machen.	Das will ich machen.	Das ist nicht wichtig für mich.

Das ist wichtig für mich

Was ist dein Lieblingswort?

______

Was hat dich überrascht?

______

Was war besonders schwierig?

______

Im Zimmer oder draußen? Wie und wo chillt ihr?

Viele Unterrichtsstunden, Klassenarbeiten, ein Schultag ist oft lang und anstrengend. Und dann müsst ihr noch Hausaufgaben machen, Wörter lernen und Tests vorbereiten. Das kennen alle Schüler und Schülerinnen. Die Frage ist: Was macht ihr danach? Wie chillt ihr? Lisa, Maren, Philipp und Steve erzählen.

1. Nach der Schule brauche ich Zeit für mich. Ich möchte dann keine Freunde treffen, ich chille lieber allein. Am liebsten mache ich Musik. Ich habe ein Schlagzeug. Aber ich übe dann nicht, ich spiele einfach, manchmal laut, manchmal leise. Manchmal singe ich auch einen Song dazu. Das gibt mir wieder Energie.

Maren, 14 Jahre

Steve, 13 Jahre

2. Nach der Schule muss ich chillen. Aber ich sitze dann nicht auf dem Sofa. Ich möchte aktiv sein. Manchmal laufe ich durch den Park, durch die Natur, manchmal höre ich wilde Musik und tanze in der Wohnung, zum Beispiel auf meinem Bett. Voll cool.

3. Nach den Hausaufgaben möchte ich nur noch chillen. Ich bleibe am liebsten in der Wohnung. Ich möchte dann nicht viel reden. Meine Eltern wissen das, sie fragen mich nichts über die Schule. Ich surfe vielleicht ein bisschen im Internet oder spiele mit meiner Katze. Katzen sind auch chillig. Das passt.

Philipp, 13 Jahre

Lisa, 12 Jahre

4. Ich chille am liebsten mit meinen Freunden. Wir gehen in den Park oder bleiben vor der Schule. Dann machen wir nicht viel. Wir reden ein bisschen, schreiben Nachrichten, surfen im Internet oder spielen Videogames. Die Aktivitäten sind nicht wichtig. Wichtig ist: Wir chillen zusammen.

a **Lies die Texte und ordne die Fotos zu. Wer hat den Text geschrieben? Notier in der Tabelle.**
b **Maren, Philipp, Lisa und Steve, wer ist dein Chill-Typ? Wie chillst du nach der Schule und den Hausaufgaben? Schreib 3 bis 4 Sätze.**

1.	2.	3.	4.

Mach die Übungen. Kontrollier deine Ergebnisse auf Seite 84 und notier die Punkte.

1 Über Freizeitaktivitäten sprechen

Bring die Wörter in die richtige Reihenfolge.

1. Musik / Hobby / ist / Mein / . Mein ____________
2. Ich / einer Band / spiele / in / . ____________
3. spiele / ich singe / Gitarre / Ich / und / . ____________
4. Woche / üben / pro / Wir / zweimal / . ____________
5. spielen / Partys / Samstags / auf / wir / oft / . ____________
6. beim / spielen / Schulfest / Juli / Im / wir / . ____________

___ /12 Punkte

35 ## 2 Freizeitaktivitäten planen

Hör zu. Welche Reaktion (a–d) passt zu 1–4?

_____ a) Dann gehen wir am Sonntag ins Kino, okay?

_____ b) Nein, ich möchte lieber Fußball spielen.

_____ c) Keine Ahnung, und du?

_____ d) Ich bin um vier Uhr da.

___ /4 Punkte

3 Noten, Zeugnisse und Ferien vergleichen

Kreuz an, richtig oder falsch.

	Richtig	Falsch
1. In Deutschland ist eine 1 sehr gut und eine 6 sehr schlecht.	☐	☐
2. In Deutschland haben die Schüler etwa drei Monate Ferien im Sommer.	☐	☐
3. Es gibt zweimal pro Jahr Zeugnisse.	☐	☐

___ /3 Punkte

4 Grammatik: Schreib Sätze.

1. *wollen:* Paul – am Wochenende seine Freunde – treffen

____

2. *wollen:* seine Freunde – schwimmen gehen

____

___ /4 Punkte

Schreib die Sätze mit *nicht* oder *kein/e/en*. Die Position ist mit • markiert.

3. Pia fotografiert • gern. ____________
4. Morgen hat sie • Zeit. ____________

___ /2 Punkte

Punkte insgesamt: ____ /25

36 Seite 26

der Wald, -ä-er ____________
die Natur *(nur Sg.)* ____________
reparieren ____________
Ich repariere das Fahrrad.
klettern ____________
Wir klettern in der Kletterhalle.
das Schwimmbad, -ä-er ____________

37 Seite 27 und 28

fotografieren ____________
der See, -n ____________
Warum (nicht)? ____________
der Quatsch *(nur Sg.)* ____________
Das ist Quatsch!
natürlich ____________
die Disco, -s ____________
das Problem, -e ____________
die Zeit, -en ____________
Ich habe keine Zeit.
die Lust *(nur Sg.)* ____________
Ich habe keine Lust.

38 Seite 29

das Programm, -e ____________
brauchen, braucht ____________
Auch Vögel brauchen ein Haus.
bauen ____________
Wir bauen Vogelhäuser.
das Theater, - ____________

39 Seite 30

der Monat, -e ____________

der Januar *(meist Sg.)* ____________
der Februar *(meist Sg.)* ____________
der März *(meist Sg.)* ____________
der April *(meist Sg.)* ____________
der Mai *(meist Sg.)* ____________
der Juni *(meist Sg.)* ____________
der Juli *(meist Sg.)* ____________
der August *(meist Sg.)* ____________
der September *(meist Sg.)* ____________
der Oktober *(meist Sg.)* ____________
der November *(meist Sg.)* ____________
der Dezember *(meist Sg.)* ____________

die Jahreszeit, -en ____________

der Frühling *(meist Sg.)* ____________
der Sommer *(meist Sg.)* ____________
der Herbst *(meist Sg.)* ____________
der Winter *(meist Sg.)* ____________

bald ____________
feiern ____________
das Fest, -e ____________
die Klassenarbeit, -en ____________
Wir schreiben viele Klassenarbeiten.

40 Seite 31

das Schuljahr, -e ____________
die Ferien *(nur Pl.)* ____________
Im Sommer sind Ferien.
die Note, -n ____________
Die Note 6 ist sehr schlecht in Deutschland.
schulfrei ____________
das Zeugnis, -se ____________
Die Zeugnisse sind sehr wichtig.
ein paar ____________

41 Seite 32 und 33

wollen, will ____________
Ich will nicht lesen.
spazieren gehen ____________
Ich gehe mit dem Hund spazieren.

Tipp

Wörter mit persönlichen Informationen kombinieren:
Im April habe ich Geburtstag.
Ich mag die Blumen im Mai.

1 Kulinarisches aus den Schweizer Alpen

a **Lies den Text und die Steckbriefe. Welches Foto passt zu welchem Gericht?**

Gerichte aus den Schweizer Bergen

Schweizer Käse und Schokolade aus der Schweiz kennt man auf der ganzen Welt. Die traditionelle Schweizer Küche bietet aber noch viel mehr: zum Beispiel Älplermagronen, Birchermüsli oder Capuns. Wir stellen euch heute Gerichte aus den Schweizer Alpen vor.

Älplermagronen

Zutaten:
Nudeln (Maccheroni)
Kartoffeln, Käse,
Zwiebeln
Beilagen:
Apfelmus oder Schinken
Herkunft:
Gotthard

1 ☐

Birchermüsli

Zutaten:
Äpfel, Haferflocken
Beilagen:
Joghurt, Nüsse,
Obst
Herkunft:
Aargau

2 ☐

Capuns

Zutaten:
Spätzle (Eiernudeln),
Kräuter, Fleisch,
Mangold (Capun)
Beilagen:
Soße aus Milchwasser
oder Käse
Herkunft:
Graubünden

3 ☐

A ☐

B ☐

C ☐

42 **b** **Hör zu und notier in a: Welche Beschreibung passt zu welchem Bild?**

c **Beschreib die Gerichte kurz für eine Person, die kein Deutsch versteht, in deiner Sprache. Nimm eine Audiodatei auf.**

d **Beschreib ein Gericht aus deinem Land auf Deutsch.**

Name:
Zutaten:
Beilagen:
Herkunft:
Erklärung:

Foto:

2 Weihnachtsquiz

a Lies die Sätze und kreuz an: Was passt nicht? Die Seiten 36–39 im Kursbuch helfen.

1. In Deutschland, Österreich und der Schweiz gibt es zu Weihnachten Gebäck. Es gibt ...

A Christstollen.

B Schwarzwälder Kirschtorte.

C Vanillekipferln.

2. Weihnachten feiert man am ...

A 24. Dezember. B 26. Dezember. C 27. Dezember.

3. Diese Gerichte isst man nur an besonderen Tagen, z. B. Weihnachten, und nicht im Alltag:

A Kartoffelsalat mit Würstchen.

B Karpfen.

C Gänsebraten.

4. An Weihnachten sagt man:

A Fröhliche Weihnachten! B Gute Weihnachten! C Frohes Fest!

5. Traditionelle Gerichte aus der Schweiz sind ...

A Raclette.

B Nockerl.

C Fondue.

6. Diese Süßigkeiten kommen aus Deutschland:

A Panettone.

B Printen.

C Christstollen.

7. Die Supermärkte in Deutschland sind am ... geschlossen.

A 24. Dezember B 25. Dezember C 26. Dezember

8. Wer feiert die Weihnachtstage zusammen?

A Familie B Freunde C Klassenkameraden

9. Der 26. Dezember heißt ...

A Stefanitag. B Heiligabend. C Zweiter Weihnachtstag.

10. Was gibt es zu Weihnachten?

A Festessen B Plätzchen C Glückwünsche

b Kreuz in a an, was für dein Land passt oder notier, was für dein Land passt.

1 Meine Maus hat ein Haus – Reimwörter

a Finde die Reimwörter. Einige musst du im Wörterbuch nachschlagen.

Stuhl – cool

bald Bett Bild Buch cool Decke

Fenster Tuch Fisch fliegen frei

Gespenster immer Kuchen liegen Mai Maus

Meter See nett Gruppe Haus Peter Ecke

Sekunde Land Stuhl Stunde suchen Suppe

Wald Wand Tee Tisch wild Zimmer

drei Gespenster

b Schreib Reimsätze wie im Beispiel.

Auf dem Stuhl sitze ich cool.

2 Spiegelsätze

Kannst du die Sätze lesen? Du kannst sie mit einem Spiegel kontrollieren.

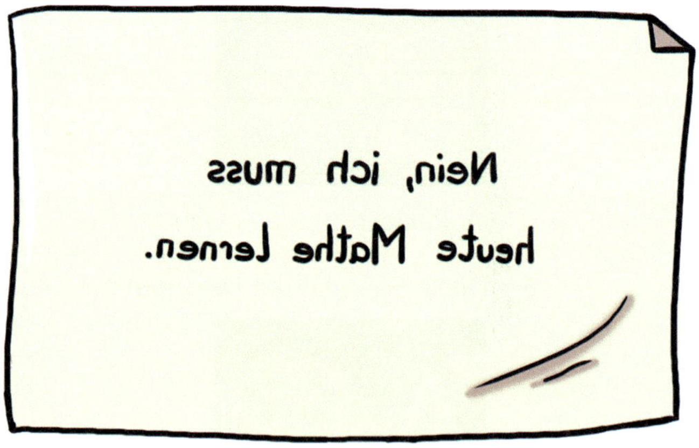

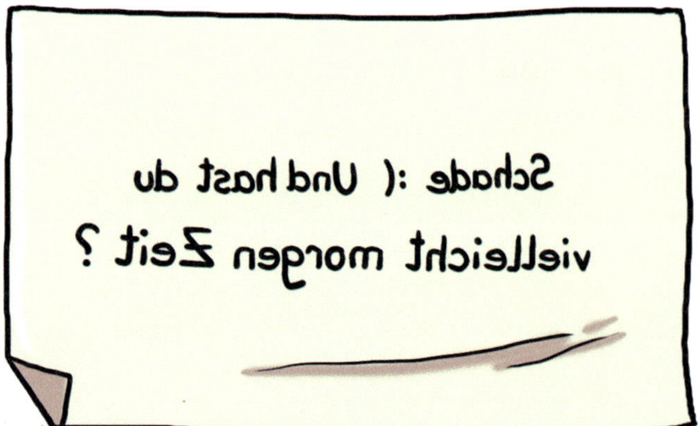

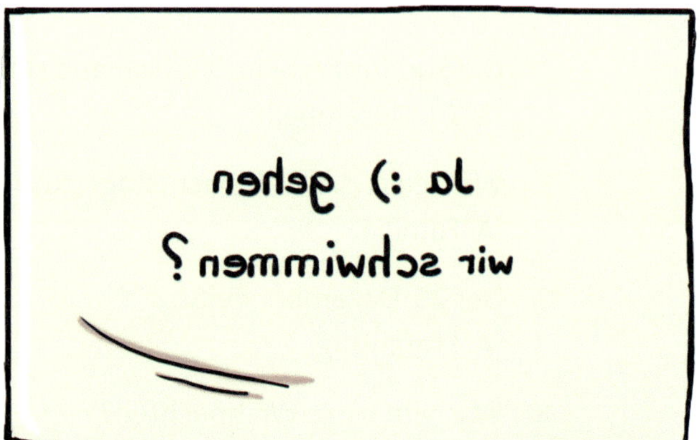

3 Snacks für zwischendurch

43 a **Lies den Text, hör zu und notier die Antworten von den vier Jugendlichen auf die Fragen.**

Es ist morgens 10 Uhr, dein Frühstück war um 7:30 Uhr. Du hast jetzt wieder Hunger, das Mittagessen ist aber erst um 12:30 Uhr. Was möchtest du gerne als Snack zwischendurch essen? Was möchtest du auf keinen Fall essen?

Obst und Gemüse

Brötchen

Süßigkeiten

Kuchen oder Kekse

	Nora	Kevin	Nicolas	Sara

b **Und du?**  ______________________  ______________________

4 Wortschatz trainieren

Mach das Kreuzworträtsel und notier das Lösungswort.

1. Die Bücher stehen im ...
2. Ich sitze auf dem ...
3. März bis Juni. Wie heißt diese Jahreszeit?
4. Sonja hat ein Pferd. Ihr Hobby ist ...
5. Ein Zimmer hat vier ... Da können Poster hängen.
6. Sommer. Das sind die Monate Juni, Juli und ...
7. Sie spielt nicht gerne alleine, sie spielt lieber ... mit ihren Freundinnen.
8. Hier liege ich, hier träume ich: im ...
9. Meine Jeans und meine T-Shirts liegen im ...

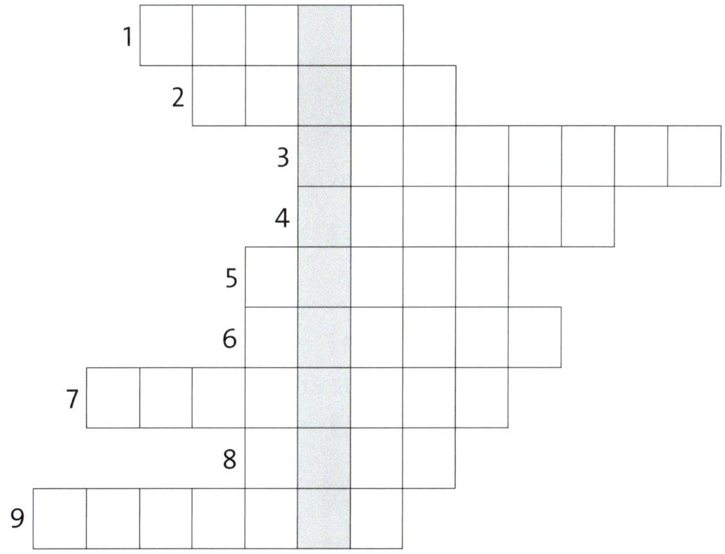

Lösungswort (senkrecht ↓)

Das tun viele Jugendliche (und Erwachsene) gar nicht gern: ______________________

11 Was trägst du gern?

1 Mein Körper

a Schreib die Körperteile mit Artikel und Plural an die Zeichnung.

44 **b** Hör zu, sprich nach und markier in a den Wortakzent: _ für lang oder . für kurz.

2 Mein Alien heißt Tropf

Vergleich die Texte und die Bilder. Was ist falsch? Korrigier die Texte im Heft.

Ich habe 1 Kopf und 7 Augen. Ich habe 5 Ohren, 2 Nasen, 10 Zähne und einen Mund. Ich liebe mein Gesicht.

Ich habe einen Bauch, 3 Arme und 5 Beine. Ich habe 6 Schultern und 11 Finger. Ich bin cool.

Ich habe 2 Pos und 4 Beine. Ich habe 7 Füße und 9 Knie. Ich liebe Sport.

3 Wie geht Yoga?

45 **a** Hör zu und kreuz an, welches Bild passt?

1 ☐ 

2 ☐ 

3 ☐ 

b Schau die anderen Fotos an und schreib eine Beschreibung in dein Heft.

Der Po sitzt ...

P 4 Gesundheit, Entspannung oder Spaß? Wie bleibst du fit?

Lies die zwei Texte und die Aufgaben. Kreuz an, richtig oder falsch.

1 Hi, ich bin Mia. Ich wohne in Aachen. Sport ist mein Leben. Jeden Morgen jogge ich eine halbe Stunde und höre Musik – das entspannt total. In der Schule ist Sport mein Lieblingsfach und ich bin auch in der Basketball-AG. Nachmittags gehen meine Freunde und ich oft skaten oder spielen Fußball.

2 Hallo, ich bin Mateo. Ich wohne in Trier. Sport in der Schule macht keinen Spaß. Ich finde Sport langweilig. Gesundheit ist schon wichtig. Aber gesundes Essen ist genug. Ich brauche keine Fitness-App und auch keinen Schrittzähler. Ich gehe lieber mit meinem Hund spazieren, treffe Freunde oder lese Bücher.

		Richtig	Falsch
1.	Mia joggt immer abends.	☐	☐
2.	Mias Lieblingsfach ist Sport.	☐	☐
3.	Mia ist im Basketballverein.	☐	☐
4.	Mateo findet Sport nicht wichtig.	☐	☐
5.	Mateo hat viele Fitness-Apps.	☐	☐
6.	Mateo macht in seiner Freizeit Sport.	☐	☐

P 5 Ich bin aktiv

46 **Hör die Nachricht am Telefon zweimal und kreuz an: A, B oder C.**

1. Julia hat einen Tanzauftritt:

A am Morgen.

B am Mittag.

C am Abend.

2. Anne ruft wieder an um:

A um 12 Uhr.

B um 5 Uhr.

C um 7 Uhr.

6 Alles tut weh

a **Was tut weh? Schreib zu jedem Bild einen Satz.**

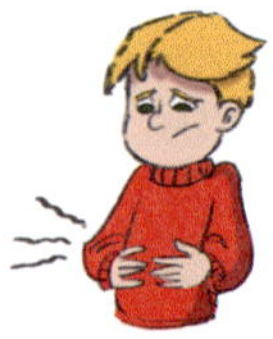

1. *Sein Bauch tut weh.*

2. ______________________

3. ______________________

4. ______________________

5. ______________________

6. ______________________

b **Wie kann man es anders sagen? Schreib die Sätze aus a wie im Beispiel.**

1. Er hat Bauchschmerzen.

c **Phonetik *Z*. Hör zu und ergänz: *s* oder *z*?**

47

1. __abine er__ählt von ihrer Frei__eit.
2. Eine Spe__ialität aus dem __üden von Deutschland: die Sal__bre__el.
3. Von __eptember bis De__ember.
4. __acharias __eigt __u__anne __ein __immer.
5. __wischen __ehn und __wan__ig Pro__ent au__ un__erer Klasse mögen __alat.

d **Welches Wort hörst du? Kreuz an.**

48

1. ☐ seit ☐ Zeit 2. ☐ sehen ☐ zehn 3. ☐ Kurs ☐ kurz 4. ☐ Seiten ☐ Zeiten

7 Wie findest du das Outfit des Tages?

a **Ordne die Kleidung nach Artikel und ergänz den Plural.**

der	das	die
der Rọck, die Rọ̈cke	*das Kle̲id, die Kle̲ider*	

49 **b** **Markier den Wortakzent in a und hör zur Kontrolle.**

8 Traumkleiderschrank

Wie viele Wörter im Plural findest du? Ergänz den Artikel und den Singular. Mach eine Tabelle.

Mäd ben ~~fe~~ gen Bei ne sen Far fel Stie ~~Män~~ ver ~~tel~~ ~~sen~~

Ta schen Jun rin me Na ne ~~Blu~~ ger chen len Rü lo Pul

Bril sen Au gen Fin Ho Ar Ohr der ge ~~Köp~~ cken Zäh Klei

Singular = Plural (auch mit Umlaut)	Singular *-e* → Plural *-en*	andere Pluralformen
der Mantel, die Mäntel	die Bluse, die Blusen	der Kopf, die Köpfe

9 Was ziehst du an?

a Wiederholung: Pronomen im Nominativ. Ergänz *er, es, sie*.

1. Die Bluse ist cool, aber _sie_ ist zu weit.
2. Probier mal das Kleid, ______ ist super.
3. Der Pullover ist teuer, aber ______ sieht gut aus.
4. Guck mal, die Schuhe, ______ sind rot.

b Ergänz die Pronomen im Akkusativ: *ihn, es, sie*.

1. ● Nimmst du das T-Shirt?
   ■ Natürlich nehme ich ______.
2. ● Magst du den Mantel?
   ■ Nein, ich mag ______ nicht.
3. ● Wie findest du die Schuhe?
   ■ Ich finde ______ blöd.
4. ● Die Bluse finde ich gut.
   ■ Probier ______ mal!

c Nominativ oder Akkusativ? Ergänz die Pronomen.

● Und, wie findest du den Pullover?

■ Also, ich finde ______ zu eng. Probier mal den. ______ ist größer.

● Und, wie ist ______?

■ ______ sieht gut aus. Ich finde ______ cool.

● Okay, dann nehme ich ______.

d Ordne die Gegenteile zu.

blöd cool eng groß interessant lang modern

klein kurz super uncool weit unmodern langweilig

cool – uncool

50 **e Hör zu und antworte.**

Ich finde ihn total verrückt.

1. total verrückt

2. cool

3. total blöd

4. super

5. echt gut

10 Auf der Party

a Lies die Texte und ordne die Fotos zu.

1 ☐

2 ☐

3 ☐

A Ich liebe Hemden. Weiß ist meine Lieblingsfarbe. Meine Augen sind blau und meine Haare sind kurz.

B Ich bin 1,68 m groß. Ich mag Weiß und Schwarz. Meine Lieblingsjacke ist schwarz.

C Ich bin 1,68 m groß. Meine Haare sind lang und braun. Ich liebe Gelb und Grün. Ich trage gern Turnschuhe.

b Hören üben. Im Text sind sechs Fehler. Hör zu und korrigier.

51 Ich bin nicht klein, ich bin 1,75 m groß. Ich mag Hosen und Kleider. Hosen trage ich nur im Sommer. Meine Haare sind schwarz, meine Augen sind braun und meine Lieblingsfarbe ist Pink.

11 Umfrage zum Thema „Mode" in der Schülerzeitung

a Lies und ergänz den Text.

bequem • wichtig • shoppe • kaufen • Kleidung

Mode ist nicht so ___________ für mich. Ich ___________ nicht so gern. Ich finde, Kleidung muss ___________ sein. Ich trage gern T-Shirts und Jeans. Ich kaufe meine ___________ fast immer selbst. Manchmal ___________ meine Eltern Hosen für mich.

b Ergänz die Pronomen im Akkusativ.

1. Mein Papa mag Hemden. Meine Mama kauft immer Hemden für ___________.
2. Meine Mama mag Röcke. Oma kauft immer Röcke für ___________.
3. Für ___________ und meine Schwester muss Kleidung bequem sein.

Das ist wichtig für mich

Was ist dein Lieblingswort?

____

____

Was hat dich überrascht?

____

____

Was war besonders schwierig?

____

____

Körper, Kleidung und Gesundheit

a Ergänz die Wörter im Kreuzworträtsel.

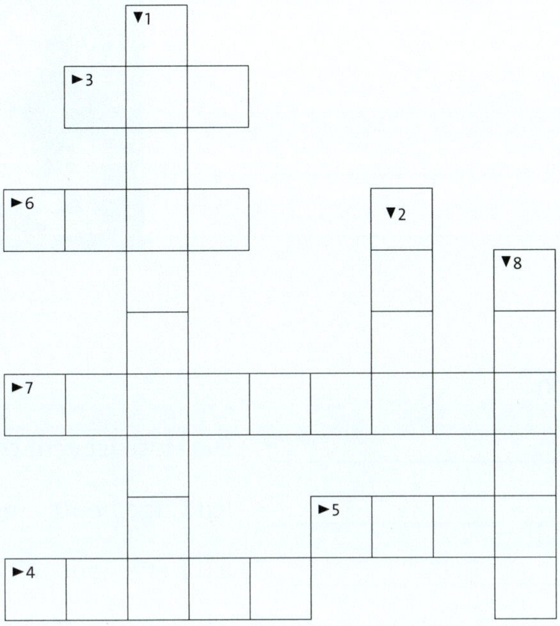

1. Ich laufe gern und mache gern Sport. Ich brauche ...
2. Ich mag keine Röcke. Ich trage lieber eine ...
3. Im Sommer trage ich einen ... auf dem Kopf.
4. Im Sommer trage ich am liebsten ein ...
5. Zwischen meinen Augen und meinem Mund ist meine ...
6. Ich kann damit lachen, essen und sprechen.
7. An diesen Körperteilen hängen meine Arme.
8. Damit halte ich Stifte.

b Wie gesund bist du? Lies die Sätze und kreuz an, was für dich stimmt.

	Ja	Nein
1. Ich esse viel Gemüse und Obst und schlafe jeden Tag acht Stunden.	A	B
2. Ich gehe nicht gern zu Fuß. Ich fahre lieber mit dem Bus oder mit dem Auto.	C	D
3. Ich trinke jeden Tag viel Wasser.	A	B
4. Cola ist mein Lieblingsgetränk.	C	D
5. Ich mache viel Sport und Bewegung macht mir Spaß.	A	B
6. Ich liebe Fast Food. Ich esse jede Woche Pizza, Burger oder Chips.	C	D
7. Ich liebe Yoga. Und Entspannung ist ganz wichtig für mich.	A	B
8. Sport brauche ich nicht.	C	D

c Wie viele Punkte hast du bekommen?

Jedes A und D (+ 1) Punkt. Jedes B und C (– 1) Punkt. Punkte: ____________________

d Lies die Auswertung und die Typen. Stimmt das Ergebnis für dich?

8 bis 4 Punkte

Der Gesundheitsmeister
Du bist super fit. Sport ist dein Leben. Gesundheit ist sehr wichtig für dich. Weiter so!

2 bis -2 Punkte

Der Normalo
Du hältst dich gern fit. Du lebst manchmal gesund – manchmal findest du es aber zu stressig. Du bist auf einem guten Weg.

-4 bis -8 Punkte

Der Gesundheitsmuffel
Du isst gern Fast Food und machst nicht so gerne Sport. Achte mehr auf deine Gesundheit. Halt dich fit!

Mach die Übungen. Kontrollier deine Ergebnisse auf Seite 85 und notier die Punkte.

1 Über den Körper, Sport und Gesundheit sprechen

Sieh das Bild an und beantworte die Fragen.

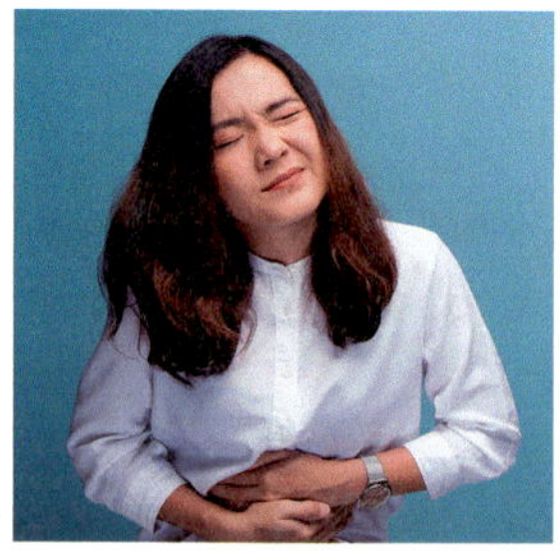

Welche Körperteile siehst du? ____________________ ____________________
Schreib im Singular und Plural.
____________________ ____________________

Was tut ihr weh? Sie hat ____

___ / 5 Punkte

2 Über Kleidung und Mode sprechen

Lies die Sätze und schreib die passenden Fragen.

1. ____? Die Hose ist echt cool.
2. ____? Ich trage heute eine Jeans.
3. ____? Ich ziehe heute ein Hemd an.
4. ____? Ich finde das T-Shirt zu groß.

___ / 4 Punkte

3 Personen beschreiben

Sieh das Bild an und beschreib die Person.

Augen: ____

Haare: ____

Kleidung: ____

___ / 6 Punkte

4 Grammatik: Ergänz die Personalpronomen im Akkusativ und das Interview.

ich	du	er	sie	es	wir	ihr	sie	Sie
mich	___	___	___	___	___	___	___	___

trage • mache • spiele • mich • dich • tun ... weh

● Peter, ist Mode sehr wichtig für ____________?

■ Nein, Mode ist nicht so wichtig für ____________. Ich ____________ aber viel Sport. Ich ____________ Fußball und Basketball. Da ____________ ich immer Turnschuhe. Sie sind einfach bequem. Sonst ____________ oft meine Füße ____________.

___ / 10 Punkte

Punkte insgesamt: ___ /25

2 Seite 42 und 43

die Körperteile

der Arm, -e
die Schulter, -n
das Bein, -e
das Auge, -n
der Bauch, -ä-e
der Finger, -
der Fuß, -ü-e
das Haar, -e
die Hand, -ä-e
der Kopf, -ö-e
der Mund, -ü-er
die Nase, -n
das Ohr, -en
der Rücken, -
der Zahn, -ä-e
der Po, -s
das Knie, -
der Hals, -ä-e
das Gesicht, -er

53 Seite 44

gewinnen
Wir gewinnen Preise.
die Bewegung, -en
die Kraft, -ä-e
Ich brauche viel Kraft.

54 Seite 45

die Kopfschmerzen *(nur Pl.)*
die Rückenschmerzen *(nur Pl.)*
Ich habe Rückenschmerzen.
schmerzen, schmerzt
Mein Fuß schmerzt vom Tanzen.
wehtun, tut weh
Mein Kopf tut weh.
Meine Ohren tun weh.
das Fieber *(nur Sg.)*

55 Seite 46

die Jeans, Jeans
das Hemd, -en
das T-Shirt, -s
der Hut, -ü-e
der Rock, -ö-e
die Bluse, -n
die Jacke, -n
die Hose, -n
der Schuh, -e
die Sonnenbrille, -n
der Pullover, -
schrecklich
verrückt

56 Seite 47

das Kleid, -er
tragen, trägt
Sie trägt ein Kleid.
finden
Ich finde den Rock cool.

57 Seite 48 und 49

blond
ungefähr
Er ist ungefähr 1,70 m groß.
die Mode, -n
Mode ist wichtig für mich.
Ich finde Mode nicht so wichtig.
bequem
Für mich muss Kleidung bequem sein.

Tipp
Adjektive in Paaren oder Gruppen lernen.

58 groß – klein, weit – eng, kurz – lang,
billig – teuer, langweilig – verrückt,
schön – hässlich,
interessant – uninteressant,
sympathisch – unsympathisch,
wichtig – unwichtig

cool – uncool – total (un)cool
toll – verrückt – langweilig

12 Herzlichen Glückwunsch!

1 Geburtstag feiern

a Ergänz die „Geburtstags…"-Wörter und ordne sie den Bildern zu.

1. der Geburtstagsku________________
2. die Geburtstagsp________________
3. die Geburtstagske________________ (Plural)
4. das Geburtstagski________________
5. die Geburtstagsg________________ (Plural)
6. der Geburtstagsti________________

b Schreib die Glückwünsche.

Alles Gute
Alles
Spaß im
Glückwunsch!
nächsten Jahr!
Viel Glück und
Herzlichen
weiter so!
Liebe!
zum Geburtstag! Mach

____

____

____

2 Geburtstag in Deutschland

a Was weißt du über den Geburtstag in Deutschland? Lies die Sätze und kreuz an, richtig oder falsch. Kontrollier mit dem Text auf Seite 53 im Kursbuch.

	Richtig	Falsch
1. Den Geburtstag feiert man nur mit der Familie.	☐	☐
2. Das Geburtstagskind muss keinen Kuchen backen.	☐	☐
3. Zum Geburtstag bekommt man nur kleine Geschenke.	☐	☐
4. Die Geburtstagsgäste bringen ein Geschenk mit.	☐	☐
5. Man kann vor oder am Geburtstag gratulieren.	☐	☐

b Vergleich und schreib Sätze.

1. In Deutschland ist der Geburtstag wichtig. In meinem Land ________________.
2. In Deutschland backen oder kaufen die Eltern einen Geburtstagskuchen.
   In meinem Land ________________________________.
3. In Deutschland darf man nicht vor dem Geburtstag gratulieren.
   In meinem Land ________________________________.

3 Die Einladung

59 **Ergänz den Dialog. Hör zur Kontrolle und lies den Dialog laut.**

Musik • Training • Geburtstagsparty • Geschenk • Freundinnen • am • um • ist • kennst • kennst • kommt • fängt ... an • mitbringen • Wunsch

- ● Ich mache ______ Freitag meine ______________. Kommst du?
- ■ Das ______ blöd. Ich habe am Freitag ______________.
  Wann ___________ deine Party _____?
- ● Um 6, aber du kannst auch später kommen.
- ■ Okay, ich bin dann _____ 8 Uhr da. Muss ich etwas ______________?
- ● Klar, mein ___________, aber sonst nichts. Oder doch: ___________.
- ■ Okay, mache ich. Hast du einen ____________ für ein Geschenk?
- ● Vielleicht ein Buch? Du ___________ viele gute Bücher.
- ■ Klar, gerne. Wer _____________ noch?
- ● Drei ______________________. Die ______________ du aber nicht. Wir sind 14.

P 4 Geschenke

60 **a Eine Nachricht auf dem Anrufbeantworter. Lies die Aufgabe 1 und 2. Hör dann die Nachricht und markier die Lösung zu Aufgabe 1 und 2. Hör die Nachricht zweimal.**

1. Neles Geburtstag ist ...

A am Dienstag.

B am Mittwoch.

C am Freitag.

2. Tina hat eine Idee für ein Geschenk:

A Musik.

B Süßigkeiten.

C ein Buch.

b Ergänz *Was für ein/e/n* in der korrekten Form.

1. ● *Was für ein* T-Shirt möchte Clara zum Geburtstag? ■ Ein Pferde-T-Shirt.
2. ● Ich möchte so gerne einen Hund. ■ ______________ Hund möchtest du denn? ● Einen Labrador.
3. ● Komm, wir kaufen Süßigkeiten für Ben. ■ ______________ Süßigkeiten willst du kaufen?
   ● Vielleicht Gummibärchen, die liebt er.
4. ● ______________ Party machst du am Geburtstag? ■ Eine Übernachtungsparty. ● Cool.

5 Neles Geburtstag

Lies den Text im Kursbuch auf Seite 56 noch einmal und beantworte die Fragen.

1. Wo ist Nele? Wer singt?
2. Wo ist der Geburtstagskuchen?
3. Wer gratuliert in der Schule?
4. Wer kommt am Nachmittag?
5. Was machen sie am Nachmittag?
6. Wer macht das Essen für die Geburtstagsparty am Samstag?
7. Was machen sie auf der Geburtstagsparty?
8. Wann fahren die Geburtstagsgäste wieder nach Hause?

1. Nele ist im Bett. Ihre Eltern und ...

6 Ich habe Geburtstag. Deshalb ...

a Wiederholung: *und/aber*. Schreib die Sätze und markier die Verben im Satz mit *und/aber*.

1. Ich habe heute Geburtstag — und / morgen / mein Bruder / hat /.
   Ich habe heute Geburtstag und mein Bruder hat morgen Geburtstag.
2. Ich mache am Samstag eine Party, — erst nächste Woche / mein Bruder / aber / feiert /.
   ____
3. Heute kommen nur Oma und Opa, — alle meine Freunde / am Samstag / aber / kommen /.
   ____

b Schreib die Sätze und markier die Verben im Satz mit *deshalb*.

1. Ich bin 13. — bis 11 Uhr / kann / ich / feiern / deshalb /.
   Deshalb kann ich bis 11 Uhr feiern.
2. Ich möchte ein Fahrrad kaufen. — Oma und Opa / Geld / schenken / mir / deshalb /.
   Oma und Opa ____________________
3. Mein Bruder möchte ein Handy. — von Opa / er / bekommt / auch Geld / deshalb /.
   Deshalb ____________________
4. Morgen muss ich früh in die Schule. — die Party / erst am Samstag / mache / ich / deshalb /.
   Deshalb ____________________
5. Mein Bruder will seine eigene Party haben. — er / nächste Woche / feiert / deshalb /.
   Er ____________________
6. Mein Vater arbeitet bei einer Handyfirma. — immer ganz neu / sein Handy / ist / deshalb /.
   Deshalb ____________________

61 **c Hör die Sätze zur Kontrolle und unterstreich die betonten Wörter.**

7 Der Super-Festtag

In der E-Mail sind acht Fehler. Vier Verbformen und vier Nomen. Korrigier wie im Beispiel.

Liebe Nele,
alles Liebe und Gute zu deinem geburtstag. Ich hoffe, du haben ein super Fest am Freitag. Ich bin zurzeit in bogotá. Das ist in Kolumbien. Heute habe ich frei, aber morgen musst ich dann arbeite. Auch herzlichen Glückwunsch von tante Isabel. Dein Geschenk bringe ich nächsten monat mit. Dann besuchen ich euch.

Liebe Grüße (auch an deine Eltern und Oskar)
dein Onkel Theo

8 Wir hatten gestern viel Spaß

a Ergänz die Sätze.

hatte viel Spaß • hatte ... total Stress • war richtig gut drauf • waren bis 9 Uhr weg

1. Meine Mutter war sauer und deshalb __________ ich __________.
2. Neles Party war klasse, ich __________.
3. Neles Eltern sind cool. Sie __________ und wir hatten die Wohnung für uns.
4. Nele __________. Sie war total glücklich.

b Ergänz die Tabelle.

	sein (Präsens)	sein (Präteritum)	haben (Präsens)	haben (Präteritum)
ich				
du				
er/es/sie/man				
wir				
ihr				
sie/Sie				

c Ergänz *sein* oder *haben* im Präsens oder Präteritum.

1. Ich ___hatte___ gestern Geburtstag. Ich __________ jetzt 14 Jahre alt.
2. Meine Mutter kocht gern. Ihr Essen __________ immer gut. Gestern __________ es super!
3. ● __________ Rike bald Geburtstag?
   ■ Nein, sie __________ schon vor zwei Wochen Geburtstag.
4. ● __________ ihr gestern im Kino?
   ■ Nein, wir __________ keine Zeit. Wir __________ Besuch.

9 Was war gestern, vorgestern, letzte Woche ...?

a Schreib die Zeitangaben auf den Zeitstrahl.

heute • vorgestern • ~~letztes Jahr~~ • gestern • letzten Monat

letztes Jahr

b Schreib die Sätze mit *sein* oder *haben* im Präteritum.

1. Letzte Woche / meine Freundin / krank /. Letzte Woche war ______
2. Wir / keine Schule / letzten Mittwoch /. ______
3. ● in der Schweiz / ihr / letztes Jahr /? ______
   ■ in Österreich / letztes Jahr / Wir /. ______

10 Gestern ist schon lange her

Was war wann? Schreib fünf Sätze mit *sein/haben* im Präteritum über dich.

Gestern ... • Letztes Wochenende ... • Letzte Woche ... • Letzten Monat ... • Letztes Jahr ... • Vor ... Jahren ...

11 Über eine Party sprechen

62 **a Hör zu und kreuz an, welchen Satz hörst du?**

1. [a] Wir hatten echt viel Spaß. [b] Wir hatten nicht viel Spaß.
2. [a] Er war richtig gut drauf. [b] Er war nicht gut drauf.
3. [a] Ich hatte keinen Stress. [b] Ich hatte total Stress.

63 **b Hör zu und kreuz an, richtig oder falsch.**

1. Hannah spricht mit Luke. [R] [F]
2. Hannah erzählt von der Party. [R] [F]
3. Hannah war total glücklich. [R] [F]
4. Das Essen war nicht gut. [R] [F]
5. Die Musik war sehr gut. [R] [F]
6. Hannah liebt Karaoke. [R] [F]

Das ist wichtig für mich

Was ist dein Lieblingswort?

______

Was hat dich überrascht?

______

Was war besonders schwierig?

______

Nachts in der Schule

64 **a Lies und ordne den Dialog. Hör zur Kontrolle.**

[1]

- ● Gestern war ich in der Schule.
- ■ Na und, ich auch.
- ● Ich weiß, aber ich war in der Nacht in der Schule.
- ■ Du warst in der Nacht in der Schule? Warum?

[ ]

- ● Nur ich und die Katze.
- ■ Die Katze?
- ● Sie war schwarz und groß und sie hatte grüne Augen. Sie war im Lehrerzimmer.
- ■ Und?
- ● Die Katze kann sprechen.
- ■ Aha, die Katze kann sprechen.
- ● Ja, sie kann sprechen.
- ■ Und was sagt sie?
- ● Sie hatte gestern Geburtstag. Sie war früher Mathelehrerin.
- ■ Und, wie alt ist sie jetzt?
- ● 111 Jahre. Sie wohnt in der Schule und nachts korrigiert sie Mathearbeiten für die Mathelehrer.
- ● Auch unsere?

[ ]

- ■ Ja.
- ● Und, was habe ich für eine Note?
- ■ Du hattest erst eine 5, aber dann hattest du eine 2.
- ● Super! Äh – was heißt „hattest" eine 2? Und was war dann?

[ ]

- ● Ich hatte eine Idee.
- ■ Aha, du hattest eine Idee. Welche?
- ● Nachts ist die Schule schön.
- ■ Warum?
- ● Keine Lehrer! Kein Unterricht, nur Ruhe!
- ■ War noch jemand da?

[ ]

- ■ Dann war da mein Wecker, „Drrrrrrrrrrrrrrrr", und meine Mutter: „Timo, aufwachen, 6 Uhr!", und mein Vater: „Timo, aufstehen!"

b Wo passen die Bilder?

c Wie sieht die Mathe-Katze aus? Zeichne sie in dein Heft und schreib dann den Dialog zwischen Timo und der Katze.

Mach die Übungen. Kontrollier deine Ergebnisse auf Seite 85 und notier die Punkte.

1 Jemanden einladen

Ordne die Sätze und schreib den Einladungstext.

Die Geburtstagsparty ist am Samstag. • Ich möchte dich zur Party einladen. • Jan • Liebe Grüße • ~~Lieber Tim~~, • Sie beginnt um 17 Uhr. • ich habe am Mittwoch Geburtstag.

Lieber Tim, ___

___

___

___

___/6 Punkte

2 Glückwünsche aussprechen

Schreib zwei Glückwünsche.

Ich • zum Geburtstag! • alles Gute • Glückwunsch • wünsche dir • zum Geburtstag. • Herzlichen

1. ___
2. ___

___/3 Punkte

3 Einen Geburtstag beschreiben

Bring die Sätze in die richtige Reihenfolge.

1. meine Eltern – am Morgen – ein Geburtstagslied – singen – und – ans Bett – kommen

   Am Morgen ___
2. am Nachmittag – Kuchen – wir – essen

   ___
3. ich – meine Freunde – lade ... ein – am Wochenende

   ___

___/6 Punkte

4 Grammatik: Schreib die Sätze in der Vergangenheit.

1. Heute bin ich in Basel. *(letzte Woche / Berlin)*

   ___
2. Heute hat meine Schwester Geburtstag. (*letzte Woche / ich*)

   ___
3. Morgen ist die Party von meiner Schwester. *(am letzten Wochenende / meine Party)*

   ___
4. Jetzt bin ich gesund. *(letzte Woche / krank)*

   ___
5. Alle in der Klasse sind gesund. *(letzte Woche / viele / krank)*

   ___

___/ 10 Punkte

Punkte insgesamt: _____ / 25

5 **Seite 52**

der Gast, -ä-e
das Geschenk, -e
die Geburtstagsparty, -s
der Geburtstagskuchen, -
Herzlichen Glückwunsch!
Alles Gute zum Geburtstag!
bleiben
Bleib, wie du bist!
Viel Glück und Spaß im nächsten Jahr!
nächst-
im nächsten Jahr
Alles Liebe!

6 **Seite 53**

die Kerze, -n
der/die Verwandte, -n
das Ding, -e
außerdem
mitbringen, bringt ... mit
Die Gäste bringen ein kleines Geschenk mit.

7 **Seite 54**

die Einladung, -en
der Wunsch, -ü-e
Hast du einen Wunsch?

8 **Seite 55**

der Ohrring, -e
die Kette, -n
Was für ein/eine/einen/- ...?
Was für eine Kette?

9 **Seite 56**

deshalb
Deshalb stehe ich nicht auf.
gratulieren
Alle meine Freunde gratulieren.
schenken
Sie schenken meistens Geld.
frühstücken
Wir frühstücken zusammen.

70 **Seite 58**

gestern
vorgestern
der Stress *(nur Sg.)*
Ich hatte total Stress.
sauer
gut/schlecht drauf sein
Wir waren gut drauf.
der Streit *(nur Sg.)*
Sie hatten auf einmal Streit.
allein
Wir waren allein.
weg sein
Sie waren bis 10 Uhr abends weg.

71 **Seite 59**

letzte Woche
letzten Monat
letztes Jahr
krank sein
Ich war krank.
die Grippe *(nur Sg.)*
vermissen
Ich vermisse dich so sehr.

Tipp

Lern Wörter in Sätzen. Dann kannst du sie leichter benutzen.

Auf dem Geburtstagskuchen sind Kerzen.

Ich habe eine 1 in der Klassenarbeit bekommen. Ich war richtig gut drauf.

Ihr könnt euch gegenseitig abfragen.

13 Wie komme ich zum Kino?

1 Ein Blick in meine Stadt

a Sieh dir die Fotos an und schreib die Nomen mit den Pluralformen (wenn möglich) ins Heft.

Bercük • Hcohhuas • Sfhicf • Fsuls • Srtßae • Buma • Husa • Brge • Shnece • Krihec

b Was gibt es in deiner Stadt? Was gibt es nicht? Sieh dir die Bilder in a an und schreib fünf Sätze ins Heft.

Ich wohne in ...
In ... gibt es ...

c Du hast diese E-Mail von Maya bekommen. Schreib eine Antwort mit mindestens 30 Wörtern. Schreib ins Heft.

Hi, ich bin Maya. Ich bin 14 Jahre alt. Ich komme aus Indien und wohne in Trier. Trier liegt an der Mosel – das ist ein Fluss. Es ist sehr schön hier. Hier gibt es auch viele Schiffe. Luxemburg und Frankreich sind unsere Nachbarn. Hier gibt es viele Studenten aus allen Ländern. Die Porta Nigra ist eine Besonderheit von Trier. Wer ist 13 bis 15 Jahre alt und schreibt mir? Ich freue mich über E-Mails auf Deutsch aus der ganzen Welt.
Liebe Grüße
Maya

72 **d Phonetik: Ich-Laut und Ach-Laut. Sortier und hör zur Kontrolle.**

~~sprechen~~ • die Sprache • das Buch • die Bücher • der Koch • die Köchin • die Woche • das Mädchen • brauchen • der Automechaniker • freundlich

Ich-Laut: *sprechen* ______

Ach-Laut: ______

73 **e Kirche oder Kirsche? Hörst du *ch* oder *sch*? Hör zu und ergänz. Hör dann noch einmal und sprich nach.**

1. ● Isst du gerne Kir____en oder Kir____en?
   ■ Hä? Natürlich Kir____en.
2. I____ esse ni____t gerne Fi____.
3. Nä____ste Woche ____reiben wir den Ge____i____tstest.

P f Lies den Text und kreuz an, richtig oder falsch.

Ich bin Paula und komme aus Idar-Oberstein. Das ist eine berühmte Edelsteinstadt. Es gibt hier sehr viele Edelsteine. Im Moment wohnen wir in Saarbrücken. Die Stadt ist schön. Hier gibt es viele Eisdielen und viele Geschäfte. Hier gibt es auch einen Fluss. Ich fahre aber nicht so gern mit dem Schiff. Ich gehe lieber im Park spazieren. Mein Lieblingsort ist die Eisdiele. Am liebsten esse ich Erdbeereis. Das ist so lecker.

	Richtig	Falsch
1. Paula wohnt in Idar-Oberstein.	☐	☐
2. Saarbrücken ist schön.	☐	☐
3. Paula geht gern am Fluss spazieren.	☐	☐
4. Paula isst gern Eis.	☐	☐

2 Mein Schulweg

a Wie heißen die Verkehrsmittel? Wie schnell sind sie? Schreib von langsam nach schnell.

das Fahrrad, ______________________________

____

____

74 **b Marcos Schulweg. Hör zu und kreuz an, richtig oder falsch.**

	Richtig	Falsch
1. Marcos Schulweg ist nicht lang.	☐	☐
2. Sein Schulweg dauert nur zehn Minuten.	☐	☐
3. Er macht manchmal seine Hausaufgaben im Bus.	☐	☐
4. Im Winter fährt Marco mit dem Fahrrad zur Schule.	☐	☐

c Hör noch einmal und korrigier die falschen Aussagen.

____

____

____

d **Wer kommt wie zur Schule? Schreib Sätze.**

1. Tim und Oli fahren ______
2. Lena ______
3. Alisa ______
4. Ella ______
5. Jonas ______
6. Ich ______

3 Dein Schulweg

Wer braucht wie lang zur Schule? Ergänz die Lücken mit *fahren* und *brauchen*.

Ich ___fahre___ mit dem Fahrrad zur Schule und b______ 20 Minuten. Meine Nachbarn Tim und Tom f______ mit dem Bus. Sie b______ nur zwölf Minuten. Im Winter f______ ich mit der U-Bahn. Sie f______ schnell. Sie b______ nur acht Minuten.

4 Besuch in der Stadt

a **Wie muss man gehen? Schreib einen Satz zu jedem Bild.**

Wie muss ich gehen?

die • die • zweite • dritte • Straße • Straße • geradeaus • links • rechts • ~~geh~~ • geh • geh

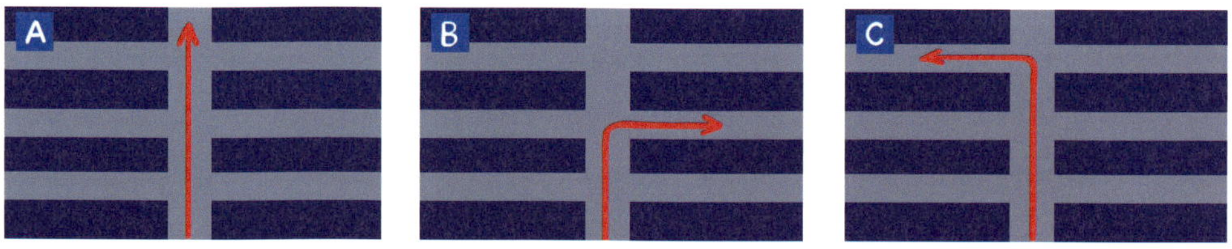

A: Geh ______
______

B: ______
______

C: ______
______

b **Wo ist das Kino? Schreib einen Satz zu jedem Bild.**

der • der • der • der • der • ~~ist~~ • ist • ist • auf • auf • auf • neben • neben • linken • linken • rechten • Seite • Seite • Seite • Post • Post

Wo ist das Kino?

A: Das Kino ist ______
______
______

B: ______
______
______

C: ______
______
______

75 🔊 **c** **Wo geht's zum Eiscafé? Hör zu und zeichne den Weg in den Stadtplan.**

d **Du bist am Bahnhof und möchtest zum Hotel. Schreib den Dialog ins Heft. Es gibt mehrere Möglichkeiten.**

- ■ *Entschuldigung, ich suche das Hotel.*
- ● *Ah, das ist ganz einfach. Geh hier ...*

76 🔊 **e** **Phonetik: Hören üben und wichtige Wörter betonen. Hör zu, sprich nach und markier die betonten Wörter oder Wortteile.**

- ● Entschuldigung, wie komme ich zum Schwimmbad?
- ■ Das ist ganz einfach. Du gehst die erste Straße rechts. Dann gehst du die zweite Straße links und dann immer geradeaus. Das Schwimmbad ist auf der linken Seite.

5 Wo ist ...?

a **Ergänz die Kurzform.**

bei dem → *beim* von dem → ______ zu dem → ______ zu der → ______

b **Ergänz *zur* oder *zum*.**

1. Entschuldigung, ich möchte ______ Rathaus.
2. Wie komme ich ______ Kirche?
3. Um wie viel Uhr gehst du ______ Schule?
4. Ich fahre mit dem Auto ______ Arbeit.
5. Ich muss ______ Zahnarzt.
6. Ich gehe ______ Training. Kommst du mit?

c **Ergänz die Artikel von den Nomen und dann die Dativform in den Sätzen.**

die Schule ______ Kino ______ Apotheke ______ Italiener ______ Marktplatz ______ Bahnhof

1. Mara und ich kommen gerade aus d*em* Kino. Der Film war cool.
2. Morgen müssen wir nicht z______ Schule gehen, morgen ist Sonntag.
3. Nach d______ Kino können wir z______ Italiener gehen.
4. Die Pizza b______ Italiener am Marktplatz neben d______ Apotheke ist lecker.
5. Der Marktplatz ist nicht weit v______ Bahnhof.
6. Wir fahren also mit d______ Bus z______ Bahnhof und gehen dann zu Fuß z______ Marktplatz.

6 Ein Tag in der Altstadt

77

a Hör zu und kreuz an, richtig oder falsch.

	Richtig	Falsch
1. Mia hat nur ihr Buch gelesen.	☐	☐
2. Lena und Mia haben ein Eis gegessen.	☐	☐
3. Mia, Max, Lena und Pia haben viel geshoppt.	☐	☐

b Wiederholung: Präteritum und Präsens von *sein* und *haben*. Ergänz die Sätze.

1. Heute ______________ wir viel Zeit. Gestern ______________ wir keine Zeit.
2. Letzte Woche ___________ wir im Kino und ________ sehr viel Spaß.

   Heute ________ wir im Park und ___________ auch viel Spaß.

c Ergänz das Partizip.

machen - *gemacht* treffen - __________ essen - __________ kaufen - __________

sehen - __________ chillen - __________ spielen - __________ lesen - __________

d Perfekt: Was hat Pia gemacht? Ergänz *haben* und ein passendes Partizip aus c.

1. Gestern ______________ ich meine Freunde *get*______________.
2. Danach ______________ wir zusammen Fußball ______________.
3. Am Abend ______________ wir dann noch einen Film ______________.

7 Dein Wochenende

Ein Gespräch. Schreib passende Fragen. Es gibt mehrere Möglichkeiten.

1. Was *hast du gestern gemacht?* Ich habe gestern in der Stadt gechillt.
2. Wo ______________________ Ich habe meine Freunde am Marktplatz getroffen.
3. Was ______________________ Ich habe Döner und Pommes gegessen.
4. Was ______________________ Dann habe ich einen Film im Kino Albert gesehen.

Das ist wichtig für mich

Was ist dein Lieblingswort?

____

____

Was hat dich überrascht?

____

____

Was war besonders schwierig?

____

____

Eine Radtour an der Mosel

Lies die Texte und such die passenden Bilder. Ergänz die Städte in der Karte.

Jule und Tim machen eine Radtour an der Mosel. Die Mosel ist ein Fluss im Südwesten von Deutschland. Zwischen Trier und Koblenz gibt es einen Radweg. Er ist 193 km lang und hat 14 Stationen. Man fährt fast die ganze Zeit an der Mosel entlang und kann viele tolle Städte besuchen. Jule schreibt jeden Tag in ihr Tagebuch.

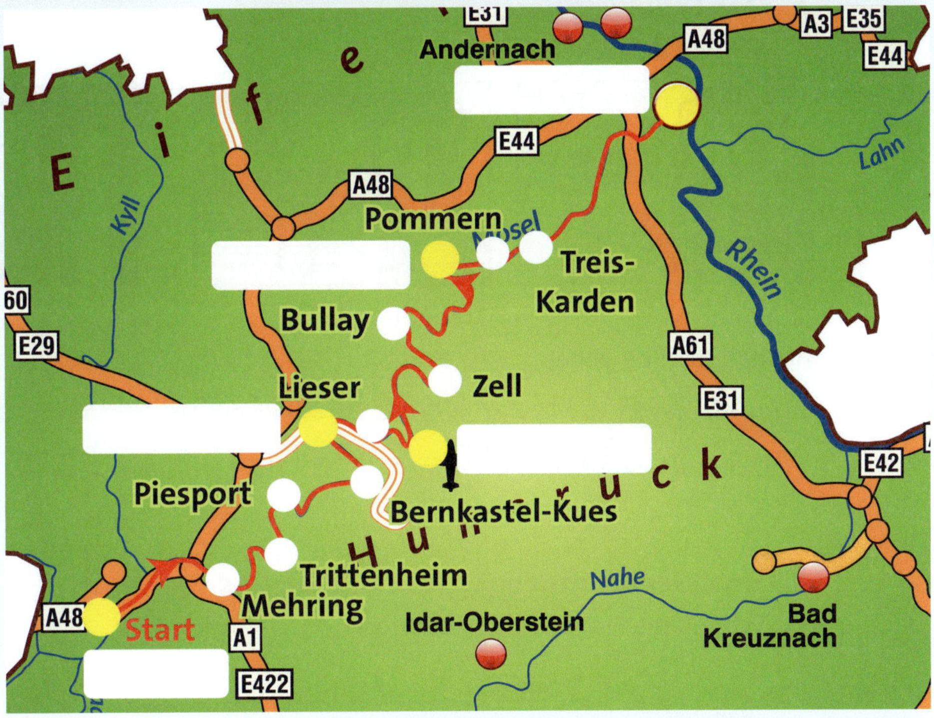

A KOBLENZ: Deutsches Eck. Treffpunkt von zwei Flüssen. Hier trifft die Mosel den Rhein und wir treffen unsere Freunde Paul und Mira. Hier ist unsere Radtour zu Ende.

B TRABEN-TRARBACH: Diese Stadt hat zwei Teile. Der Stadtteil Traben ist links vom Fluss und Trarbach rechts. Zwischen den Stadtteilen gibt es eine Brücke.

C TRIER: Die Porta Nigra ist ein Stadttor in Trier. Sie ist 29 Meter hoch und über 1850 Jahre alt. Hier beginnen wir die Radtour.

D COCHEM: Die Altstadt ist total schön. Hier machen wir eine Pause und essen ein Eis. Noch drei Stationen bis zum Ende der Tour.

E ZELTLINGEN: Wir fahren jetzt nach Zeltlingen. Unsere 6. Station. Hier gibt es die Hochmoselbrücke. Das ist eine sehr große Straßenbrücke. Sie ist 158 Meter hoch und 1702 Meter lang. Wir machen ein Picknick an der Mosel und dann fahren wir weiter.

13 Teste dich!

Mach die Übungen. Kontrollier deine Ergebnisse auf Seite 85 und notier die Punkte.

1 Über meine Stadt sprechen

Ergänz die Wörter im Text.

gibt es • Besonderheit • es gibt • keinen • ~~komme aus~~ • ist • gibt es

Ich *komme aus* Berlin. Meine Stadt ______ sehr groß. Hier ______ viele Hochhäuser und viele Autos. Natürlich ______ auch viele Busse, U-Bahnen und Straßenbahnen. Manchmal ist es sehr laut hier. Aber ______ hier sehr viele tolle Orte, coole Restaurants, Cafés und Kinos. Es gibt ______ Berg. Eine ______ ist das Brandenburger Tor.

___ / 6 Punkte

2 Den Schulweg beschreiben

Schreib den Text ins Heft.

5 Minuten / Bushaltestelle / gehen

Freunde / treffen

10 Minuten Bus / fahren

5 Minuten / zur Schule / gehen

Nina braucht ... bis zur Schule. Sie muss zuerst ...
Dort ... Sie ... Zum Schluss ...

___ / 8 Punkte

3 Eine Wegbeschreibung formulieren und verstehen

Schreib die Frage und die Antwort.

______________________________?

____

____

____

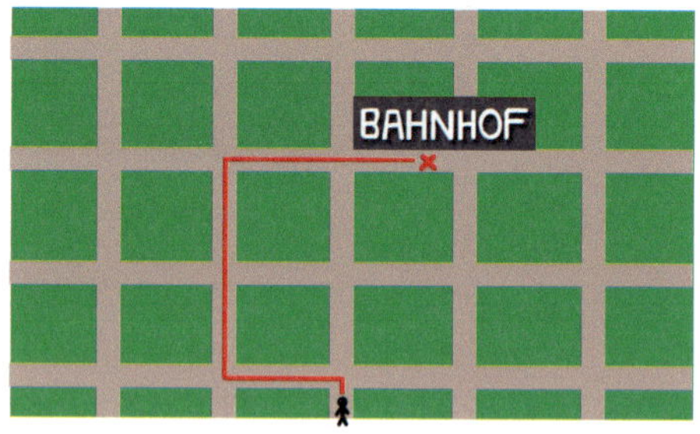

___ / 4 Punkte

4 Grammatik: Ergänz die Sätze im Präteritum oder Perfekt.

treffen • essen • sein • haben • sehen

Letztes Wochenende ______ ich sehr viel Spaß. Ich ______ meine Freunde ______. Wir ______ zusammen einen Film ______ und dann Kuchen ______. Hmm. Der Kuchen ______ lecker.

___ / 7 Punkte

Punkte insgesamt: ___ /25

78 **Seite 62 und 63**

der Baum, -ä-e
das Haus, -ä-er
der Berg, -e
der Schnee (nur Sg.)
Auf dem Berg liegt Schnee.
die Kirche, -n
die Brücke, -n
das Hochhaus, -ä-er
In Frankfurt gibt es viele Hochhäuser.
das Schiff, -e
der Fluss, -ü-e
Auf dem Fluss fahren Schiffe.
der Hafen, -
Hamburg hat einen Hafen.

79 **Seite 64 und 65**

die Bushaltestelle, -n
der Bus, -se
Der Bus hält an der Bushaltestelle.
mit dem Bus fahren
die Straßenbahn, -en
die U-Bahn, -en
mit der U-Bahn fahren
die Station, -en
Ich fahre drei Stationen mit der U-Bahn.
das Dorf, -ö-er
das Auto, -s
ankommen
Wir kommen um 17:25 Uhr an.
die Fahrkarte, -n
Ich brauche keine Fahrkarte.
allein
Ich gehe allein zur Schule.
zu Fuß gehen
Ich gehe zu Fuß.
zum Schluss

80 **Seite 66**

der Bahnhof, -ö-e
der Park, -s
die Post *(nur Sg.)*
das Restaurant, -s
das Krankenhaus, -ä-er
der Bäcker, -
das Rathaus, -ä-er
das Museum, die Museen
die Schwimmhalle, -n
die Apotheke, -n
das Hotel, -s
Geh die erste/zweite/dritte (Straße) links.
geradeaus
Gehen Sie geradeaus und dann rechts.
die Ecke, -n
an der Ecke
auf der linken/rechten Seite

81 **Seite 67 und 68**

die Nähe *(nur Sg.)*
in der Nähe von
aussteigen
Du musst am „Theaterplatz" aussteigen.
der Supermarkt, -ä-e
treffen, trifft, getroffen
Wir haben Tim getroffen.

Tipp
Lern Verben immer mit Partizip im Kontext. Schreib jeden Tag mindestens einen Satz in dein Tagebuch.

14 Schöne Ferien!

1 Ferien machen

Lies die Hinweise und lös das Kreuzworträtsel. Wie heißt das Lösungswort?

LÖSUNG:

VERTIKAL
1. In einem ... kann man Urlaub machen und eine Sprache lernen.
2. In einem ... kann man günstig übernachten.
3. Die ... ist ein Meer in der Nähe von Hamburg.
4. Unsere ... im Urlaub hat drei Zimmer.
5. Eine Woche in einem Hotel ...
8. Das Matterhorn ist ein ... in der Schweiz.

HORIZONTAL
6. Meine Oma wohnt auf dem Dorf. In den Ferien fahre ich zu ihr aufs ...
7. Nach dem Schwimmen im Meer liege ich gern am ...
9. Ein ... ist nicht so groß wie ein Meer. Er ist nicht salzig.
10. Keine Schule, nicht lernen, nicht arbeiten. Wir haben ...
11. Ich kann nicht reisen, ich muss zu Hause ...
12. Im ... ist die Übernachtung oft teuer.

2 Interviews: Was machst du in den Ferien?

82 **a Hör zu und korrigier die Sätze.**

Interview 1: Mika
1. Er fährt im Juli weg.
2. Die Familie fliegt mit dem Flugzeug.
3. Sie übernachten in einer Ferienwohnung.

1. Er fährt im August weg.

Interview 2: Karina
1. Sie wohnt im Hotel.
2. Sie fährt mit einer Freundin.
3. Sie wandert sehr gern.

b Was passt? Ergänz die Sätze. Es gibt mehrere Möglichkeiten.

~~Berlin~~ • auf dem Campingplatz • dem Fahrrad • meinen Freund • meinem Freund • Freunde • Freunden • meinen Großeltern • zu Hause • in einer Ferienwohnung • im Hotel • meine Tante • dem Zug • Verwandte • Italien

1. Ich fahre nach *Berlin* __________
2. Ich fahre zu __________
3. Ich besuche __________
4. Ich fahre mit __________
5. Ich übernachte __________
6. Ich bleibe __________

3 Reisegepäck

Was ist im Koffer? Schreib die Nomen mit Artikel und Pluralform.

1. *der Koffer, die Koffer*
2. __________
3. __________
4. __________
5. __________
6. __________
7. __________
8. __________

9. __________
10. __________
11. __________
12. __________
13. __________
14. __________
15. __________
16. __________

4 Urlaub vorbereiten

83 **a Janina macht Urlaub. Hör Teil 1. Kreuz an, was ist richtig?**

1. a Sie fährt allein.
   b Sie fährt mit ihren Eltern und ihrer Schwester.
   c Sie fährt mit der Familie von ihrer Freundin.
2. a Sie fährt an die Nordsee.
   b Sie macht eine Städtetour.
   c Sie fährt an einen See.
3. a Sie fährt mit dem Auto.
   b Sie fährt mit dem Fahrrad.
   c Sie fliegt mit dem Flugzeug.
4. a Sie übernachtet im Zelt.
   b Sie schläft in einer Ferienwohnung.
   c Sie wohnt im Haus von ihrer Freundin.

b Hör noch einmal bis zum Ende. Kontrollier in a und notier: Welche sechs Dinge aus 3 nimmt sie mit?

5 Fantasiereise

Lies die zwei Anzeigen. Zu jeder Anzeige gibt es drei Aufgaben. Kreuz an: was ist richtig?

Anzeige 1

Endlich ohne Eltern

Für Jugendliche von 13 bis 18 Jahren
Urlaub auf der Insel Obonjan
in Mitteldalmatien

Partys, Strand und Sonne

Viele Sportmöglichkeiten
(Beachvolleyball, Segeln, Surfen, Schwimmen)

→ Schlafsack und Isomatte mitbringen

Anzeige 2

Ferien auf dem Reiterhof

von April bis September
Jungen und Mädchen ab 12 Jahre,
auch ohne Eltern

Du magst Pferde?
35 Islandponys warten auf dich.
Ruhige und liebe Ponys für
Anfänger, coole Bergtouren mit
Pferden für Fortgeschrittene

Übernachtung im Haus
→ im Matratzenlager

Anzeige 1

1. Das ist eine Anzeige für ...
   - a Familienurlaub.
   - b einen Sprachkurs.
   - c Urlaub für junge Leute.

2. Man kann ...
   - a Tennis spielen.
   - b reiten.
   - c baden.

3. Wer kann dort Ferien machen?
   - a Kinder bis 13.
   - b 14-jährige Jugendliche.
   - c nur Jugendgruppen.

Anzeige 2

4. Hier kann man ...
   - a reiten lernen.
   - b Sprachen lernen.
   - c schwimmen.

5. Wann?
   - a Im Frühling und im Sommer.
   - b Im Winter.
   - c Im Sommer und im Winter.

6. Wer?
   - a Nur Familien.
   - b Nur Mädchen.
   - c Jungen und Mädchen.

6 Julias Ausflug nach Bremen

Was passt zusammen? Es gibt mehrere Möglichkeiten. Verbinde.

ein Museum
einen Ausflug
mit dem Schiff
mit dem Zug

machen
probieren
besichtigen
gehen
fahren

eine Stadt
eine Stadtrallye
zum Restaurant
ein Essen

7 Von A nach B? Lokale Veränderung: Perfekt mit *sein*

a Schreib die Verben zu den Bildern.

1. laufen ________ 2. g ________ 3. f ________ 4. k ________ 5. f ________

b Perfekt mit *haben* oder *sein*? Ergänz die passende Form.

Gestern war ein Pechtag. Mein Handywecker ________ nicht geklingelt. Der Akku war leer. Dann ________ ich schnell gefrühstückt, ich ________ nur Milch getrunken und nichts gegessen. Keine Zeit! Um Viertel nach sieben ________ ich mit Marie zur Bushaltestelle gegangen. Wir ________ viel gesprochen und ________ zu langsam gegangen. Der Bus ________ gekommen, wir ________ ihn gesehen und ________ dann schnell gelaufen, aber er ________ uns vor der Nase weggefahren. Dann ________ wir zu Fuß zur Schule gegangen und ich ________ ein Brötchen gekauft, denn ich hatte Hunger. Natürlich ________ wir zu spät zur Schule gekommen.

c *Haben* oder *sein*? Ergänz die Verben im Perfekt.

gehen • schreiben • sprechen • fliegen • kommen • lesen

1. Meine Eltern ____sind____ gestern mit dem Flugzeug in die USA ________.
2. Gestern Abend ________ Ralf und Alina ins Kino ________.
3. ________ du Tante Sabine schon eine E-Mail zum Geburtstag ________?
4. ________ du das neue Buch schon ________?
5. Ralf ________ in der Pause mit Alina ________.
6. Wann ________ du gestern nach Hause ________?

8 Phonetik: ng

84

Diese Wörter gibt es nicht. Aber: Ist das *ng* richtig gesprochen oder hörst du ein *g*? Kreuz an, richtig (ich höre kein *g*) oder falsch (ich höre ein *g*).

1. kangen	R	F	3. longen	R	F	5. mingen	R	F
2. dengen	R	F	4. schungen	R	F	6. nangen	R	F

85 🔊 **9 Minigeschichten erzählen**

Hör die Sätze. Ein Wort fehlt in jedem Satz. Ergänz das Wort.

1. ___geflogen___ 3. __________ 5. __________ 7. __________

2. __________ 4. __________ 6. __________ 8. __________

10 Was hast du am Wochenende gemacht?

Schreib die Geschichte in der Vergangenheit.

1. sein: Tim / im letzten Jahr / in der Schweiz /.
2. fahren: er / allein / mit dem Zug /.
3. verlieren: er / im Zug / sein Geld /.
4. suchen: er / sein Geld / in allen Taschen /.
5. kommen: dann / der Kontrolleur /.
6. haben: Tim / kein Ticket und kein Geld /.
7. sein: der Kontrolleur / nett /.
8. suchen: sie / zusammen / und / finden / das Geld /.

11 Eine Ferienpostkarte

Ergänz die Postkarte.

die Seilbahn

Lieber Chris, li___ Katia,

wir si__ seit gestern Nachm_____ in Köln. Ges____ hat es gere____ und wir wa___ zuerst total tra____. Aber dann si__ wir ins Schokoladenmuseum geg_____. He___ ist das Wet___ wunderbar. Wir sind mi_ der Seilbahn üb__ den Rhein gefa____. Cool. Dann haben wi_ die Stadt besic_____, und jetzt sit___ wir im 30. Stock i_ einem Restaurant.

Liebe Gr___
Merle & Zelika

Das ist wichtig für mich

Was ist dein Lieblingswort?

____

____

Was hat dich überrascht?

____

____

Was war besonders schwierig?

____

____

Wohin reisen die Deutschen?

a **Schau die Europakarte an und ergänz die Ländernamen.**

die Türkei • Spanien • Österreich • Italien • Großbritannien • Griechenland

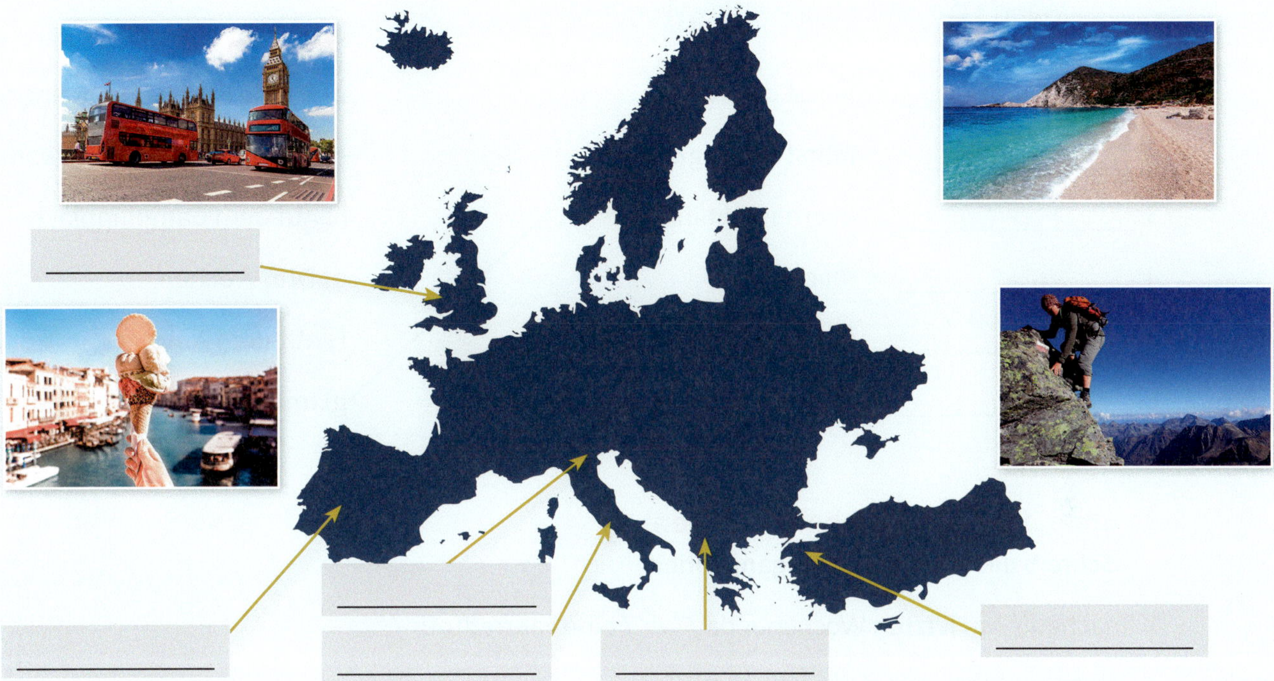

b **Was denkst du, wohin reisen die Deutschen am liebsten? Was machen sie dort gern?**

1. ______________________ 4. ______________________

2. ______________________ 5. ______________________

3. ______________________ 6. ______________________

c **Lies den Infotext und vergleich. Hast du richtig geraten?**

Die Deutschen reisen gern und viel. Mehr als die Hälfte macht mindestens einen Urlaub von fünf Tagen oder mehr pro Jahr. Viele fahren auch zwei bis drei Wochen in Urlaub.

Die Deutschen suchen die Sonne. Deshalb ist das Urlaubsland Nummer 1 Spanien. Auf Platz 2, 3 und 5 sind Italien, die Türkei und Griechenland. Alle vier Länder haben viel Sonne, viele schöne Badestrände und gutes Essen.

Auf Platz 4 liegt das Nachbarland Österreich. Viele Deutsche wandern und klettern gern in den Alpen und baden in den vielen Seen in Österreich.

Nach Großbritannien fahren nur wenige Deutsche in Urlaub. Aber viele machen einen kurzen Städtetrip nach London.

d **Welches Land ist für dich interessant? Vergleich.**

Viele Deutsche machen 2–3 Wochen Urlaub pro Jahr. Ich ...

Viele Deutsche suchen in den Ferien die Sonne. Ich ...

Viele Deutsche wandern und klettern im Urlaub. Ich ...

Viele Deutsche fahren gern nach Spanien oder in die Türkei. Ich ...

Mach die Übungen. Kontrollier deine Ergebnisse auf Seite 86 und notier die Punkte.

1 Über Ferienaktivitäten sprechen

Ergänz die Fragen und ordne zu.

~~Wann~~ • Wer • Wie lange • Wo • Womit • Was

1. Wann fährst du weg?
2. ______ fährst du weg?
3. ______ übernachtet ihr?
4. ______ macht ihr?
5. ______ fährt mit?
6. ______ fahrt ihr nach Italien?

a) Meine Eltern und meine Schwester.
b) Schwimmen, chillen, Rom ansehen.
c) Auf dem Campingplatz.
d) Drei Wochen.
f) Mit dem Auto.
g) Im August.

___ /5 Punkte

2 Über die Vergangenheit sprechen

Schreib die Sätze in der Vergangenheit.

1. machen / Am letzten Wochenende / wir / eine Fahrradtour /.
   Am letzten Wochenende haben wir ______
2. fahren / Wir / von Ulm nach Donauwörth /.
   ______
3. sehen / Wir / viel /.
   ______
4. machen / Mittags / wir / in Günzburg / eine Pause /.
   ______
5. kommen / Wir / erst abends um 10 Uhr / nach Donauwörth /.
   ______
6. sein / Ich / total müde /.
   ______

___ /12 Punkte

3 Grammatik: **Wie heißt das Verb im Perfekt? Ergänz das Partizip und *haben/sein*.**

1. kaufen - ______
2. lernen - ______
3. essen - ______
4. gehen - ______

___ /8 Punkte

Punkte insgesamt: ___ /25

6 **Seite 72**

das Zelt, -e

das Meer, -e

Ich fahre ans Meer.

der Strand, -ä-e

Wir schlafen am Strand.

der Campingplatz, -ä-e

Wir sind auf dem Campingplatz.

87 **Seite 73**

die Insel, -n

die Nordsee *(nur Sg.)*

übernachten

Wir übernachten in einem Hotel.

der Urlaub, -e

Ich mache Urlaub.

Ich fahre in den Urlaub.

reisen, reist, ist gereist

die Reise, -n

wegfahren, fährt … weg, ist weggefahren

8 **Seite 74 und 75**

der Ausweis, -e

die Zahnbürste, -n

die Tasche, -n

die Socke, -n

der Kamm, -ä-e

der Koffer, -

der Bikini, -s

die Badehose, -n

die Kamera, -s

der Mantel, -ä

der Pass, -ä-e

mitnehmen, nimmt … mit, hat mitgenommen

Ich nehme einen Mantel mit.

das Flugzeug, -e

schauen, schaut, geschaut

Ich schau mal.

89 **Seite 76**

passieren, passiert, ist passiert

Es ist viel passiert!

der Ausflug, ü-e

Wir haben einen Ausflug gemacht.

gewinnen, gewinnt, hat gewonnen

die Technik *(nur Sg.)*

besichtigen, besichtigt, hat besichtigt

Wir haben ein Museum besichtigt.

90 **Seite 77 und 79**

fliegen, fliegt, ist geflogen

das Wetter *(nur Sg.)*

Das Wetter war gut.

die Angst *(hier nur Sg.)*

Meine Schwester hatte Angst.

die Anrede, -n

der Gruß, -ü-e

Tipp

Gruppiert die Wörter sinnvoll. Ihr könnt auch Wörter aus anderen Einheiten ergänzen. So könnt ihr sie besser lernen.

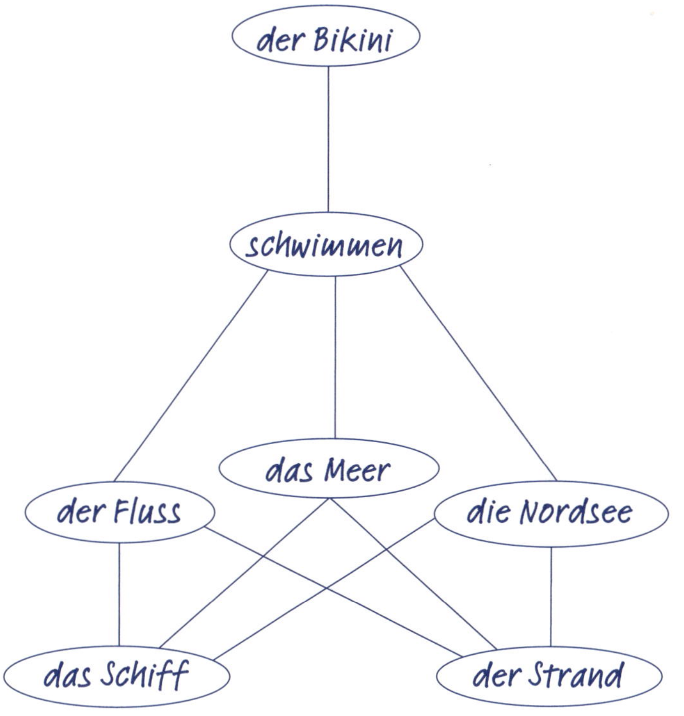

Fakten & Kurioses

1 Bern, Berlin oder Wien

a Sieh die Fotos an. Was denkst du, welche Stadt ist das? Notier: (1) Bern, (2) Berlin, (3) Wien.

91 **b Hör zu und überprüf deine Antworten aus a.**

c Ergänz die Tabelle. Auch die Seiten 82–83 im Kursbuch helfen.

	Land	Einwohnerzahl	Das finde ich interessant ...
Bern			
Berlin			
Wien			

d Berichte kurz über eine Hauptstadt (Deutschland, Österreich oder Schweiz) für eine Person, die kein Deutsch versteht, in deiner Sprache. Nimm eine Audiodatei auf.

2 Dreiländerecken

a Wo ist das? Sieh die Karte und die Fotos auf Seite 67 an und ordne die Fotos zu.

Mitten im Bodensee ist eine Grenze von Deutschland, Österreich und der Schweiz: ein See und drei Länder. Es gibt noch andere Dreiländerecken im deutschsprachigen Raum.

- Plöckenstein im Böhmerwald (D, A, CZ)
- Vaalserberg (D, NL, B)
- Bodensee (D, A, CH)
- Piz Lad am Reschenpass (A, CH, I)
- Schengen (D, F, L)
- Skulpturenpark Dreiländereck Deutsch Jahrndorf (A, SK, H)
- Zittau in der Lausitzer Neiße (D, P, CZ)
- Dreiländereck Weil am Rhein, mit Dreiländerbrücke (D, CH, F)

1

2

3

4

5

6

7

8

b Sieh die Karte noch einmal genau an. Welche weiteren Dreiländerecken gibt es? Markier auf der Karte.

c Such für eine dieser Dreiländerecken nach Fotos und/oder Informationen. Mach Notizen ins Heft.

d Du hast drei Tage Zeit und möchtest mehrere deutschsprachige Länder und ihre Nachbarländer besuchen. Plan eine Reiseroute.
- Wohin möchtest du reisen?
- Wie viele Länder besuchst du?

Große Pause

1 Buchstabenchaos

a Kannst du die Sätze lesen? Ordne die Bilder zu.

1. BladsnidSmoemrfreien: knieeSchlue, kineeHuasagfabuen, nurchlieln.
2. ImJnuisnidusernePerfungün, dheaslbmesüsnwirjdeenTagveillneern.

b Mach selbst einen Buchstabenchaos-Satz wie im Beispiel. In jedem Wort stehen der erste und der letzte Buchstabe an der richtigen Stelle.

2 Kreuzworträtsel

Ergänz die Wörter. Was sagt Jule zu Tim?

1. Blau mag ich besonders gern, das ist meine ...
2. Die zehn ... braucht man zum Klavierspielen.
3. An den ... hat man zehn Finger.
4. Ich liege beim Schlafen immer auf dem ... Andere liegen lieber auf dem Rücken.
5. Die ... ist zwischen dem Mund und den Augen.
6. Das T-Shirt ist nicht normal, ich finde es total ...
7. Mit den ... kann man sehen.
8. Mit dem ... kann man lachen, essen und trinken.
9. Im Winter ist es kalt, dann braucht man einen ...
10. Meine ... sind blond und lang.
11. Da hängen die Arme dran. *(Plural)*
12. Eine Jeans ist eine ...

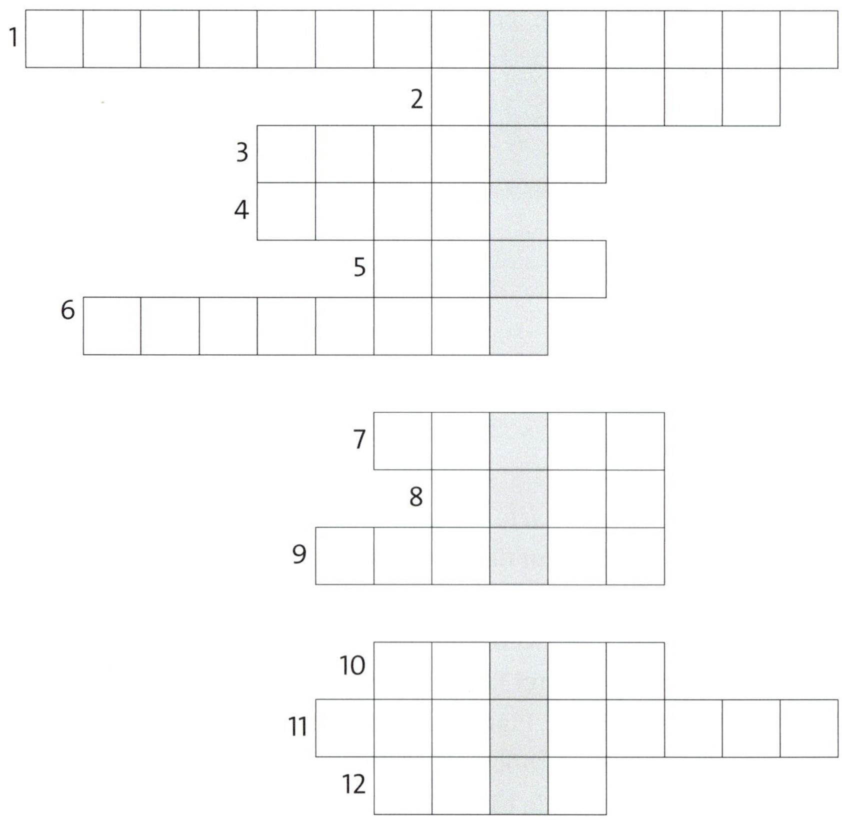

92 3 Labyrinth

Wie kommt Laura zu ihren Freunden? Hör zu und zeichne den Weg in das Labyrinth.

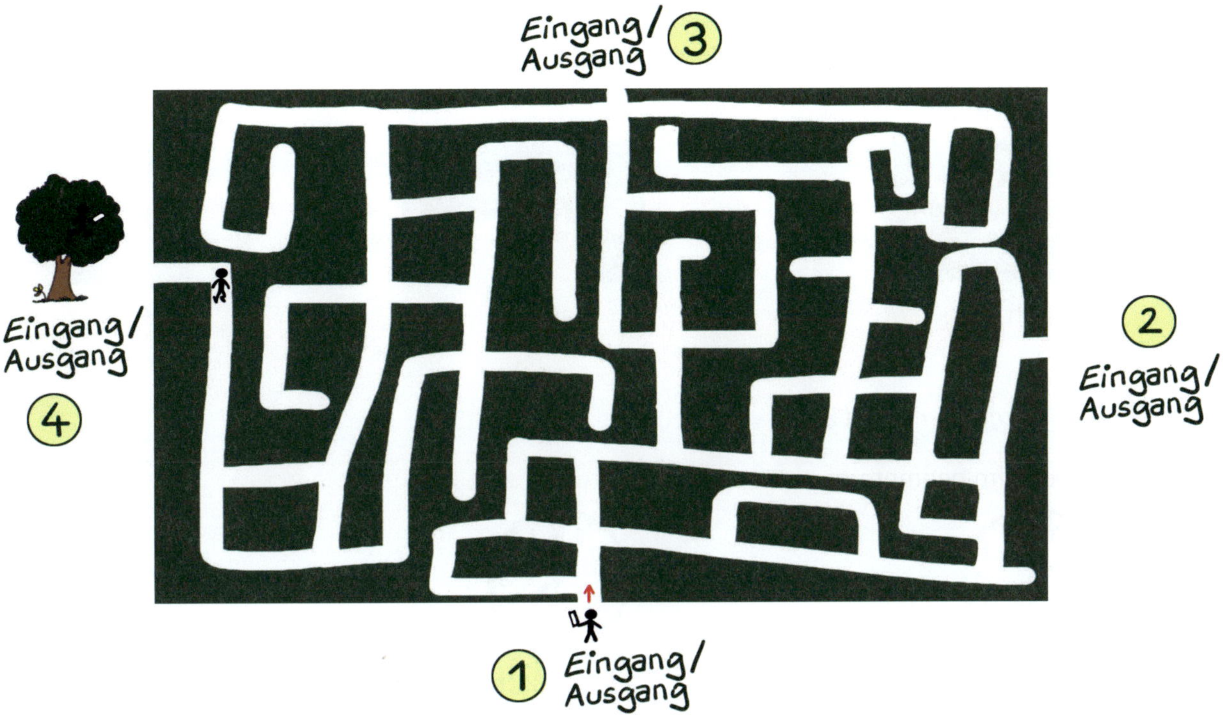

4 Silbenrätsel

Bilde die passenden Wörter zu 1–8.

1. Ich wohne in einem __________ im 25. Stock.
2. Am __________ kann man in einen Zug einsteigen.
3. Ich möchte über einen Fluss gehen. Also gehe ich über eine __________.
4. Im __________ arbeiten z. B. Ärztinnen und Krankenschwestern.
5. Der Rhein und der Main sind zwei __________ in Deutschland.
6. Ich nehme den Bus Nr. 20. Die __________ ist gleich hier an der Ecke.
7. Ich mag Kaufhäuser nicht. Ich kaufe lieber in einem kleinen __________.
8. Am Sonntag kochen wir nicht. Wie gehen zum Mittagessen in ein __________.

Hoch – schäft – stel – te – Ge – haus – le – Hal – Bahn – se – rant – Re – Flüs – hof – stau – ken – Brü – haus – Kran – cke

93 5 Entspannung – eine Reise durch den Körper

Schließ das Buch.
Hör zu und geh in Gedanken zu dem Körperteil.

94

Hören Teil 1

*Du hörst **drei** Nachrichten am Telefon. Zu jeder Nachricht gibt es Aufgaben.*
Kreuze an: a, b *oder* c. *Du hörst jede Nachricht **zweimal**.*

Beispiel

0 Wer ruft an?

a Sarah

b Marco

☒ Paula

Lies die Aufgaben 1 und 2.

1 Der Film beginnt um

a 10:00 Uhr.

b 16:00 Uhr.

c 17:00 Uhr.

2 Die Kinokarten kosten

a 10 Euro.

b 15 Euro.

c 17 Euro.

*Jetzt hörst du die **erste** Nachricht am Telefon. Die hörst die erste Nachricht **noch einmal**.*
*Markiere **dann** die Lösungen zu Aufgabe 1 und 2.*

Lies die Aufgaben 3 und 4.

3 Wohin gehen Pia und Lara?

a zur Geburtstagsparty

b ins Kino

c in die Stadt

4 Was mag Oma Gerlinde nicht?

a Blumen

b Blusen

c Bücher

*Jetzt hörst du die **zweite** Nachricht am Telefon. Du hörst die zweite Nachricht **noch einmal**.*
*Markiere **dann** die Lösungen zu Aufgabe 3 und 4.*

Lies die Aufgaben 5 und 6.

5 Tim will morgen

a schwimmen.

b klettern.

c Fußball spielen.

6 Was bringt Tim mit?

a Chips

b Schokolade

c Cola

*Jetzt hörst du die **dritte** Nachricht am Telefon. Die hörst die dritte Nachricht **noch einmal**.*
*Markiere **dann** die Lösungen zu Aufgabe 5 und 6.*

95

Hören Teil 2

*Du hörst **zwei** Gespräche. Zu jedem Gespräch gibt es Aufgaben. Kreuze an: richtig oder falsch.*
*Du hörst jedes Gespräch **zweimal**.*

Beispiel

		Richtig	Falsch
0	Carlos hat Fieber und Bauchschmerzen.	☐	X

Lies die Sätze 7, 8 und 9.

7	Sara geht es nicht so gut.	☐	☐
8	Lisa hat Bauchschmerzen.	☐	☐
9	Lisa geht nicht auf Hannas Geburtstagsparty.	☐	☐

*Jetzt hörst du das **erste** Gespräch. Du hörst das erste Gespräch **noch einmal**.*
*Markiere **dann** für die Sätze 7, 8 und 9: richtig oder falsch.*

Lies die Sätze 10, 11 und 12.

10	Lotte fährt mit Freunden an die Nordsee.	☐	☐
11	Sam macht eine Sprachreise.	☐	☐
12	Lotte findet Frankreich romantisch.	☐	☐

*Jetzt hörst du das **zweite** Gespräch. Du hörst das zweite Gespräch **noch einmal**.*
*Markiere **dann** für die Sätze 10, 11 und 12: richtig oder falsch.*

*Schreibe jetzt deine Lösungen 1 bis 12 auf den **Antwortbogen auf Seite 77**.*

Ende des Prüfungsteils Hören.

Lesen Teil 1

Lies bitte die zwei Anzeigen aus der Zeitung.

Anzeige 1

Spiel, Spaß und Entspannung

Hast du am Wochenende Zeit? Hast du Lust auf ganz viel Spaß?
Dann komm vorbei und bring deine Freunde und deine Familie mit.

Sommerfest *– Ein ganzer Tag mit Sport und Spaß an der Goethe-Schule*

Was? Yoga, Fußball, Tanz, Malwettbewerb, Essen & Trinken und noch vieles mehr
Wann? Samstag, 6. Mai von 11–18 Uhr
Wo? Hauptstraße 81
Eintritt? 5 Euro für Schüler/-innen; 8 Euro für Erwachsene; 20 Euro für Familien

Hast du Lust? Dann komm einfach vorbei. Wir freuen uns auf dich!

Anzeige 2

Braucht ihr coole Dinge für euer Zimmer?

Ich bekomme neue Möbel für mein Zimmer und verkaufe viele tolle Sachen.

Hängematte – 8 Euro.

Stuhl – 22 Euro.

Bett – 25 Euro.

Tisch – 20 Euro.

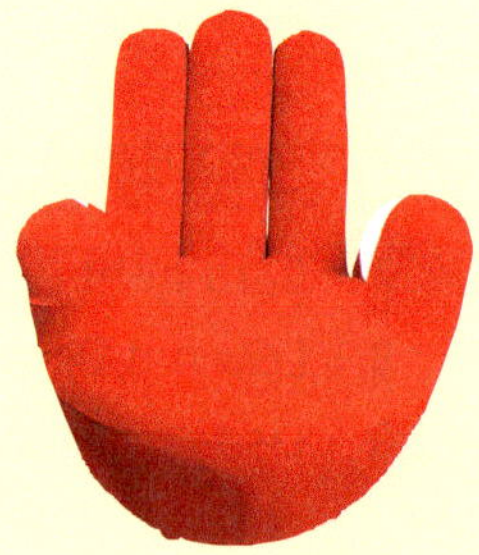

Alles muss raus! Kauf alles zusammen für nur 60 Euro.

14.00 Uhr – 17.00 Uhr

Alex: +49123456789

Aufgabe 1 bis 6. Kreuze an: a, b oder c.

Beispiel zu Anzeige 1

0 Das ist eine Anzeige für

☒ a ein Schulfest.
☐ b ein Tanzfest.
☐ c ein Sportfest.

Anzeige 1

1 Das Fest ist
- a nur für Schüler/-innen.
- b nur für Erwachsene.
- c für alle.

2 Eine Familie mit zwei Kindern bezahlt
- a 26 Euro.
- b 20 Euro.
- c 8 Euro.

3 Das Fest endet um
- a 11 Uhr.
- b 18 Uhr.
- c 6 Uhr.

Anzeige 2

4 Das ist eine Anzeige für
- a Schulsachen.
- b Dinge aus Alex´ Zimmer.
- c eine Hängematte.

5 Man kann Alex
- a immer anrufen.
- b am Morgen anrufen.
- c am Nachmittag anrufen.

6 Alles zusammen kostet
- a 50 EUR.
- b 60 EUR.
- c 75 EUR.

Lesen Teil 2

In einer Zeitschrift findest du zwei Texte über Jugendliche in Deutschland.
Lies bitte die Beschreibungen.

Beschreibung 1

Hallo, ich bin Phil. Ich komme aus Hamburg, aber ich wohne in Trier. Ich lebe hier mit meiner Familie. Das sind meine Mama, mein Papa, meine Schwester und unser Hund Cio. Ich bin gerne draußen. Meine Hobbys sind Fahrrad fahren und klettern. Ich fahre auch jeden Tag mit dem Fahrrad zur Schule. Ich brauche zehn Minuten. Nur im Winter fahre ich mit dem Bus. Da brauche ich 12 Minuten. Das ist langweilig. In mag die Schule nicht so sehr. Aber die Schulkantine finde ich cool. Die Gemüsepfanne finde ich total lecker. Nach der Schule gehen meine Freunde und ich manchmal in die Eisdiele.

Beschreibung 2

Hallo, heiße Mira. Ich liebe Computerspiele. Ich lese auch gern. Mein Lieblingsbuch ist Harry Potter.
Ich gehe gern in die Schule. Meine Lieblingsfächer sind Musik und Mathe. Meine Freunde und ich lernen oft zusammen. Nur Physik mag ich gar nicht. Physik ist so langweilig und wir müssen immer so viele Hausaufgaben machen.
Montags und mittwochs gehe ich nach der Schule in einen Tanzverein. Tanzen macht Spaß und ist gesund. Leider hat unsere Schule keine Tanz-AG.

Aufgaben 7 bis 12. Was ist richtig und was ist falsch?

Beispiel zu Beschreibung 1

		Richtig	Falsch
0	Phil und seine Familie wohnen in Trier.	☒	☐

Beschreibung 1

		Richtig	Falsch
7	Die Schwester von Phil heißt Cio.	☐	☐
8	Er fährt immer mit dem Fahrrad in die Schule.	☐	☐
9	Er isst gerne Gemüsepfanne in der Schule.	☐	☐

Beschreibung 2

		Richtig	Falsch
10	Mira mag Computerspiele.	☐	☐
11	Physik ist ihr Lieblingsfach.	☐	☐
12	Mira ist in einer Tanz-AG in der Schule.	☐	☐

Schreibe jetzt deine Lösungen 1 bis 12 auf den ***Antwortbogen auf Seite 77****.*

Schreiben

Du hast diese E-Mail bekommen. Antworte darauf bitte mit mindestens 30 Wörtern.
Schreibe bitte ***nicht*** *mit Bleistift.*

Unbekannt – Nachricht

Senden | An... andrenowak@example.com
Betreff

Hallo!
Ich heiße Andre und komme aus Polen. Ich lerne Deutsch. Ich wohne jetzt in Frankfurt. Frankfurt ist schön. Hier gibt es viele Hochhäuser, Banken, einen Fluss und einen Flughafen. Mein Traumberuf ist Pilot. Was ist dein Traumberuf? Was gibt es alles in deiner Stadt? Wer ist 12 bis 15 Jahre alt und schreibt mir? Ich freue mich über Briefe auf Deutsch aus der ganzen Welt!

Bis hoffentlich bald.

Unbekannt – Nachricht

Senden | An... andrenowak@example.com
Betreff

Sprechen Teil 1

Sich vorstellen

Name?	Schule?
Alter?	Sprachen?
Land?	Hobby?
Wohnort?	

Sprechen Teil 2

Fragen stellen und auf Fragen antworten

Beispiel

Thema: Beruf

Opa

Prüfer/-in A: *Was ist dein Opa von Beruf?*

Prüfer/-in B: *Er ist Arzt.*

Thema: Gesundheit **wehtun**	*Thema: Gesundheit* **schlafen**	*Thema: Gesundheit* **Sport**
Thema: Gesundheit **Essen**	*Thema: Gesundheit* **Yoga**	*Thema: Gesundheit* **Süßigkeiten**
Thema: Schule **Radiergummi**	*Thema: Schule* **Lehrer**	*Thema: Schule* **Fach**
Thema: Schule **Freunde**	*Thema: Schule* **Pause**	*Thema: Schule* **Schulweg**

Sprechen Teil 3

Bitten, Aufforderungen oder Fragen formulieren und darauf antworten oder reagieren

Beispiel

Prüfer/-in A: *Gib mir bitte das Buch!*

Prüfer/-in B: *Ja, gern.*

Nachname ____________________ Vorname ____________________

Hören

Teil 1	a	b	c
1	☐	☐	☐
2	☐	☐	☐
3	☐	☐	☐
4	☐	☐	☐
5	☐	☐	☐
6	☐	☐	☐

Teil 2	Richtig	Falsch
7	☐	☐
8	☐	☐
9	☐	☐
10	☐	☐
11	☐	☐
12	☐	☐

Markieren Sie so: ☒

Nicht so:

Füllen Sie zur Korrektur das Feld aus: ■

Markieren Sie das richtige Feld neu: ☒

Ergebnis Hören:

☐☐ × 1,5 = ☐☐,☐

Lesen

Teil 1	a	b	c
1	☐	☐	☐
2	☐	☐	☐
3	☐	☐	☐
4	☐	☐	☐
5	☐	☐	☐
6	☐	☐	☐

Teil 2	Richtig	Falsch
7	☐	☐
8	☐	☐
9	☐	☐
10	☐	☐
11	☐	☐
12	☐	☐

Ergebnis Lesen:

☐☐

Schreiben

Bewertende/r

• Die Aufgabe ist	voll erfüllt	gut erfüllt	teilweise erfüllt	nicht erfüllt
Inhalt und Umfang	3 ☐	2 ☐	1 ☐	0 ☐
Formale Richtigkeit	3 ☐	2 ☐	1 ☐	0 ☐

• Teil Schreiben wurde nicht bearbeitet ☐

Ergebnis Schreiben:

☐ × 2 = ☐☐

Gesamtergebnis: ☐☐,☐

Verben im Präsens

Modalverben: *müssen* und *wollen*

Infinitiv		müssen	wollen			müssen	wollen
Singular	ich	muss	will	Plural	wir	müssen	wollen
	du	musst	willst		ihr	müsst	wollt
	er/es/sie/man	muss	will		sie/Sie	müssen	wollen

	Position 2: Verb		Ende
	Wollen	wir ins Schwimmbad	gehen?
Nein, ich	will	lieber ins Kino	gehen.
Nein, ich	muss	mein Zimmer	aufräumen.

Imperativ

Infinitiv	du-Form	ihr-Form	Sie-Form
machen	Mach schnell!	Macht schnell!	Machen Sie schnell!
sprechen	Sprich leise!	Sprecht leise!	Sprechen Sie leise!
aufräumen	Räum auf!	Räumt auf!	Räumen Sie auf!

! fahren: fahr – fahrt – fahren   Sie sein: seid – seien Sie

Position 2: Verbteil 1		Ende: Verbteil 2
Räum	bitte dein Zimmer die Beispiele	auf.
Schreibt	ins Heft.	
Sprechen	Sie bitte langsamer.	

Verben in der Vergangenheit

Präteritum von *sein* und *haben*

Singular	ich	war	hatte	Gestern war ich nicht in der Schule.
	du	warst	hattest	Ich hatte Grippe.
	er/es/sie/man	war	hatte	
Plural	wir	Waren	hatten	Im Juli hatten wir Ferien.
	ihr	wart	hattet	Wir waren in der Schweiz.
	sie/Sie	waren	hatten	

Von *sein* und *haben* benutzt man in der Vergangenheit fast immer das Präteritum.

Partizip – regelmäßige Formen

	Infinitiv	Partizip	
einfach	Kaufen	gekauft	er/sie hat gekauft
	Machen	Gemacht	er/sie hat gemacht
trennbar	*ein*kaufen	*ein*gekauft	er/sie hat *ein*gekauft
	*auf*machen	*Auf*gemacht	er/sie hat *auf*gemacht

Genauso: *an*schauen, *auf*räumen, *aus*suchen, chillen, dauern, feiern, frühstücken, gucken, halten, hängen, *hin*stellen, legen, mailen, *mit*arbeiten, *mit*machen, ordnen, passen, planen, reisen, schauen, schenken, schicken, schmecken, wecken, wünschen, *zu*machen, ...

Partizip – unregelmäßige Formen

Infinitiv	3. Person Singular	Partizip
*an*fangen	er/sie fängt *an*	er/sie hat *an*gefangen
*auf*stehen	er/sie steht *auf*	er/sie ist *auf*gestanden
bleiben	er/sie bleibt	er/sie ist geblieben
*ein*laden	er/sie lädt *ein*	er/sie hat *ein*geladen
essen	er/sie isst	er/sie hat gegessen
fahren	er/sie fährt	er/sie ist gefahren
finden	er/sie findet	er/sie hat gefunden
fliegen	er/sie fliegt	er/sie ist geflogen
geben	er/sie gibt	er/sie hat gegeben
gehen	er/sie geht	er/sie ist gegangen
kennen	er/sie kennt	er/sie hat gekannt
kommen	er/sie kommt	er/sie ist gekommen
laufen	er/sie läuft	er/sie ist gelaufen
lesen	er/sie liest	er/sie hat gelesen
liegen	er/sie liegt	er/sie hat gelegen
*mit*bringen	er/sie bringt *mit*	er/sie hat *mit*gebracht
reiten	er/sie reitet	er/sie ist geritten
rufen	er/sie ruft	er/sie hat gerufen
scheinen	er/sie scheint	er/sie hat geschienen
schlafen	er/sie schläft	er/sie hat geschlafen
schließen	er/sie schließt	er/sie hat geschlossen
schreiben	er/sie schreibt	er/sie hat geschrieben
schwimmen	er/sie schwimmt	er/sie ist geschwommen
sehen	er/sie sieht	er/sie hat gesehen
singen	er/sie singt	er/sie hat gesungen
sitzen	er/sie sitzt	er/sie hat gesessen
sprechen	er/sie spricht	er/sie hat gesprochen
tragen	er/sie trägt	er/sie hat getragen
treffen	er/sie trifft	er/sie hat getroffen
trinken	er/sie trinkt	er/sie hat getrunken
tun	er/sie tut	er/sie hat getan
waschen	er/sie wäscht	er/sie hat gewaschen

Perfekt: Satzklammer

	Position 2: *haben/sein* (konjugiert)		Ende: Partizip
Ich	habe	in Frankfurt Sportschuhe	gekauft.
Wir	sind	ins Museum	gegangen.
Lea	hat	ein Kleid	gesehen.
	Habt	ihr eine Stadtrundfahrt	gemacht?

Perfekt mit *haben* oder *sein*

Regel

Die meisten Verben bilden das Perfekt mit *haben*.

Ich habe Sachertorte gegessen.
Wir haben eine Reise gemacht.

Regel

Verben mit Positionsveränderung bilden das Perfekt mit *sein*.

Ich bin nach Wien gefahren.
Er ist nicht nach Hause gekommen.

Hier sind einige Verben mit *sein:*
aufstehen, fahren, fliegen, gehen, kommen, laufen, reiten, schwimmen, wegfahren ...

! Die Verben *passieren, bleiben* und *sein* bilden das Perfekt auch mit *sein*.

Zeitangaben der Vergangenheit

letztes Jahr im letzten Jahr	letzten Monat im letzten Monat	letzte Woche in der letzten Woche	vorgestern	gestern	heute

Letztes Jahr haben wir in Österreich Urlaub gemacht.
Letzten Monat bin ich in die Schweiz gefahren.
Letzte Woche war ich krank.
Gestern hatte ich Training.
Heute bin ich müde.

Artikel, Nomen und Pronomen

Nominativ, Akkusativ und Dativ

	Nominativ	Akkusativ	Dativ
Singular	der Mann	den Mann	dem Mann
	das Kind	das Kind	dem Kind
	die Frau	die Frau	der Frau
Plural	die Männer / Frauen / Kinder	die Männer / Frauen / Kinder	den Männern / Frauen / Kindern

Zur Schule fahre ich zuerst mit dem Bus und dann mit der Straßenbahn.
Manchmal fahre ich auch mit dem Fahrrad.

Nullartikel

Regel

Für Stoffnamen (kein Plural) benutzt man im Singular keinen Artikel. Man nennt das „Nullartikel".

Genauso: Brot, Fisch, Gemüse, Obst, Wurst, Milch, Jogurt, Geld, Zeit, Lust ...

	Singular
das Fleisch (kein Plural)	Magst du gerne – Fleisch?
der Käse (kein Plural)	Ich esse gerne – Käse.

Pluralformen

Regel

Die Nomen mit der Endung *-e* bilden den Plural mit *-n*.
das Aug**e**, die Auge**n** – die Jack**e**, die Jacke**n**
Nomen mit den Endungen *-er* oder *-el* haben fast nie eine Pluralendung.
der Lehrer, die Lehrer – der Mantel, die Mäntel – der Zettel, die Zettel

Pronomen: *man*

Regel

Bei *man* steht das Verb in der 3. Person Singular.

Wie schreibt man das?
Was kann man am Wochenende in Frankfurt machen?
In Deutschland isst man gerne Kartoffeln.

Personalpronomen im Akkusativ

ich	du	er	es	sie	wir	ihr	sie/Sie
mich	dich	ihn	es	sie	uns	euch	sie/Sie

der Pullover	Wie findest du **den** Pullover?	Ich finde **ihn** langweilig.
das T-Shirt	Wie findest du **das** T-Shirt?	Ich finde **es** süß.
die Jacke	Wie findest du **die** Jacke?	Ich finde **sie** zu eng.
die Schuhe	Wie findest du **die** Schuhe?	Ich finde **sie** cool.

Präpositionen

Lokale Präpositionen mit Dativ (Frage: Wo?)

an über vor hinter zwischen neben in unter auf

Die Katze ...

sitzt auf **dem** Ball.
(der Ball)

liegt unter **dem** Bett.
(das Bett)

hängt an **der** Lampe.
(die Lampe)

sitzt zwischen **den** Stühlen.
(die Stühle)

Die Verben *liegen, stehen, sitzen* haben immer eine Präposition + Dativ.
Das Buch liegt auf dem Tisch. Der Junge sitzt auf dem Bett. Die Lampe steht auf dem Boden.

Temporale Präpositionen: *ab, am, gegen, im, um*

im	→	Monat/Jahreszeit	im Januar, im Winter
am	→	Wochentag/Tagesabschnitt	am Montag, am Vormittag ! in der Nacht
um	→	Uhrzeit	um acht Uhr
gegen	→	Uhrzeit	gegen acht Uhr
ab			ab drei Uhr, ab Mittwoch, ab Sommer

Präpositionen mit Dativ

seit	Ich bin schon seit einer Woche in Frankfurt.
bei	Ich wohne bei der Tante.
aus	Meine Cousine kommt erst um 13 Uhr aus der Schule.
nach	Nach dem Frühstück gehe ich shoppen.
mit	Ich möchte mit der U-Bahn fahren.
zur	Wie komme ich zur U-Bahn?
von	In der Nähe vom Bahnhof ist der Italiener.

Tipp

In **Vonseitnachzu** *und* **Ausbeimit** *bleibt man mit dem Dativ fit.*

bei dem = beim
von dem = vom
zu dem = zum
zu der = zur

Präposition *für* mit Akkusativ

für Das ist wichtig für mich.

Wortbildung

Zusammengesetzte Nomen

Regel

Der Wortakzent ist auf dem 1. Wort.
Das 2. Wort bestimmt den Artikel.

1. das Gemüse + 2. die Pfanne = die Gemüsepfanne

Die Wörter im Satz

Satzklammer

		Position 2: Verb		Ende
trennbare Verben	Ich	stehe	immer um sieben Uhr	auf.
Nomen-Verb-Verbindungen	Ich	fahre	gerne	Ski.
Modalverben	Smarta	kann	sehr gut	balancieren.
Perfekt	Wir	haben	gestern Sportschuhe	gekauft.

Verneinung mit *nicht* oder *kein*

ein → kein	Ich habe einen Computer / ein Handy / eine Zeitung. Ich habe keinen Computer / kein Handy / keine Zeitung.	
kein bei Nullartikel	Ich habe kein Geld / keine Zeit / keine Lust. Ich esse keinen Käse, kein Fleisch und keine Wurst.	
Sonst immer *nicht*	Ich schwimme gern. Ich fahre gern Fahrrad. Ich spiele gut Tennis.	Ich schwimme nicht gern. Ich fahre nicht gern Fahrrad. Ich spiele nicht gut Tennis.

Satzverbindungen: *deshalb*

	Position 2: Verb		Ende
Ich	muss	nicht	lernen.
Deshalb	kann	**ich** Computer	spielen.
Ich	kann	deshalb Computer	spielen.

doch

Frage	Isst du gerne Obst?	+ Ja, sehr gerne. – Nein, nicht so gerne.
	Isst du Fleisch?	+ Ja, gerne. – Nein.
Frage mit Negation	Isst du nicht gerne Obst?	+ Doch, ich esse gerne Obst. – Nein, ich esse nicht gerne Obst.
	Isst du kein Fleisch?	+ Doch. – Nein.

Teste dich! 8

1 Ein Zimmer beschreiben

Hier habe ich viele Möbel. Ich habe einen Tisch. Er ist groß. Mein Schrank ist rot. Und mein Bett ist blau. Meine Gitarre steht neben der Tür. An der Wand hängt eine Uhr.

2 Über Gefühle sprechen

1. traurig – 2. froh – 3. romantisch – 4. müde – 5. wütend – 6. aktiv

3 Anweisungen geben /Bitten formulieren

1. Geht (mal/bitte) einkaufen! – 2. Seid (mal/bitte) leise! – 3. Wiederholen Sie (bitte) den Satz. – 4. Räum (mal/bitte) das Zimmer auf!

4 Grammatik

1. Die Katze sitzt/ist auf dem Ball. – 2. Die Katze liegt/ist unter dem Bett. – 3. Die Katze hängt/ist an der Lampe. – 4. Die Katze sitzt/ist zwischen den Stühlen.

Teste dich! 9

1 Sagen, was man gern isst – vergleichen

1. gern, lieber, am liebsten – 2. am liebsten / gern, gern, lieber, Am liebsten – 3. lieber, am lieben, gern

2 Sagen, was man morgens, mittags, abends isst

Morgens: Zum Frühstück esse ich Brot mit Marmelade und trinke Milch.
Mittags: Zum Mittagessen esse ich manchmal Pizza und trinke Mineralwasser.
Abends: Zum Abendessen esse ich oft (Tomaten/Kürbis)Suppe und trinke Tee.

3 Am Imbiss etwas bestellen

1. b) – 2. a) – 3. c)

4 Grammatik

1. Nein – 2. Doch – 3. Ja

Teste dich! 10

1 Über Freizeitaktivitäten sprechen

1. Mein Hobby ist Musik. – 2. Ich spiele in einer Band. – 3. Ich spiele Gitarre und ich singe. – 4. Wir üben zweimal pro Woche. – 5. Samstags spielen wir oft auf Partys. – 6. Im Juli spielen wir beim Stadtfest.

2 Freizeitaktivitäten planen

1. d) – 2. c) – 3. b) – 4. a)

3 Noten, Zeugnisse und Ferien vergleichen

1. richtig – 2. falsch – 3. richtig

4 Grammatik

1. Paul will am Wochenende seine Freunde treffen. – 2. Seine Freunde wollen schwimmen gehen. – 3. Pia fotografiert nicht gerne. – 4. Morgen hat sie keine Zeit.

Teste dich! 11

1 Über den Körper, Sport und Gesundheit sprechen

Zum Beispiel:

der Kopf, die Köpfe – der Arm, die Arme – der Bauch, die Bäuche – die Hand, die Hände – der Finger, die Finger – das Auge, die Augen – die Nase, die Nasen – das Ohr, die Ohren – der Mund, die Münder – der Hals, die Hälse

Sie hat Bauchschmerzen.

2 Über Kleidung und Mode sprechen

1. Wie findest du die Hose? / Wie ist die Hose? – Was trägst du heute? – 3. Was ziehst du heute an? – 4. Wie findest du das T-Shirt?

3 Personen beschreiben

Seine Augen sind blau. Seine Haare sind braun und kurz. Er trägt ein T-Shirt. Es ist weiß.

4 Grammatik

dich – ihn – sie – es – uns – euch – sie – Sie

dich – mich – mache – spiele – trage – tun ... weh

Teste dich! 12

1 Jemanden einladen

Lieber Tim,

ich habe am Mittwoch Geburtstag. Die Geburtstagsparty ist am Samstag. Sie beginnt um 17 Uhr. Ich möchte dich zur Party einladen.

Liebe Grüße

Jan

2 Glückwünsche aussprechen

1. Herzlichen Glückwunsch zum Geburtstag. – 2. Ich wünsche dir alles Gute zum Geburtstag.

3 Einen Geburtstag beschreiben

1. Am Morgen singen meine Eltern ein Geburtstagslied und kommen ans Bett. – 2. Am Nachmittag essen wir Kuchen. – 3. Ich lade meine Freunde am Wochenende ein.

4 Grammatik

1. Letzte Woche war ich in Berlin. – 2. Letzte Woche hatte ich Geburtstag. – 3. Am letzten Wochenende war meine Party. – 4. Letzte Woche war ich krank. – 5. Letzte Woche waren viele krank.

Teste dich! 13

1 Über meine Stadt sprechen

komme aus – ist – gibt es – gibt es – es gibt – keinen – Besonderheit

2 Den Schulweg beschreiben

Nina braucht 20 Minuten bis zur Schule. Sie muss zuerst 5 Minuten zur Bushaltestelle gehen. Dort trifft sie ihre Freundin. Sie fahren 10 Minuten mit dem Bus. Zum Schluss gehen sie 5 Minuten bis zur Schule.

3 Eine Wegbeschreibung formulieren und verstehen

+ Entschuldigung, wie komme ich zum Bahnhof?
- Du gehst hier geradeaus und dann die 1. Straße links. Dann gehst du die 1. Straße rechts. Gehe geradeaus und dann die 2. Straße wieder rechts. Dann gehst du geradeaus bis zum Bahnhof.

4 Grammatik

hatte – habe ... getroffen – haben ... gesehen – gegessen – war

Teste dich! 14

1 Über Freizeitaktivitäten sprechen

1. g) Wann – 2. d) Wie lange – 3. c) Wo – 4. b) Was – 5. a) Wer – 6. f) Womit

2 Über die Vergangenheit sprechen

1. Am letzten Wochenende haben wir eine Fahrradtour gemacht. – 2. Wir sind von Ulm nach Donauwörth gefahren. – 3. Wir haben viel gesehen. – 4. Mittags haben wir in Günzburg eine Pause gemacht. – 5. Wir sind erst abends um 10 Uhr nach Donauwörth gekommen. – 6. Ich war total müde.

3 Grammatik

1. habe gekauft – 2. habe gelernt – 3. habe gegessen – 4. bin gegangen

Modelltest

Hören

Teil 1

1. c) – 2. a) – 3. b) – 4. c) – 5. c) – 6. b)

Teil 2

7. falsch – 8. richtig – 9. richtig – 10. falsch – 11. richtig – 12. richtig

Lesen

Teil 1

1. c) – 2. b) – 3. b) – 4. b) – 5. c) – 6. b)

Teil 2

7. falsch – 8. falsch – 9. richtig – 10. richtig – 11. falsch – 12. falsch

Schreiben

Zum Beispiel:

Hallo, Andre!

Wie geht's? Ich heiße Tina und komme aus Italien. Ich bin 14 Jahre alt und mein Traumberuf ist Köchin. Ich wohne in Genua. Hier gibt ein einen Hafen, das Meer und viel Sonne. Ich gehe gern schwimmen. Schwimmst du auch gern?

Viele Grüße

Tina

Sprechen

Teil 1

Zum Beispiel:

Name: Ich heiße Roberto.
Alter: Ich bin 14 Jahre alt.
Land: Ich komme aus Brasilien.
Wohnort: Ich wohne in São Paulo.
Schule: Meine Schule heißt Colégio Visconde de Porto Seguro.
Sprachen: Ich spreche Spanisch und Deutsch.
Hobby: Ich spiele Gitarre und ich bin im Fußballverein.

Teil 2

Zum Beispiel:

1. Was tut dir weh? – Mein Kopf tut weh.
2. Wie lange schläfst du in der Nacht? – Ich schlafe jede Nacht acht Stunden.
3. Machst du gerne Sport? – Ja, ich liebe Sport.
4. Was ist für dich gesundes Essen? – Ich esse viel Obst und Gemüse.
5. Machst du Yoga? – Nein, ich mache kein Yoga.
6. Isst du viele Süßigkeiten? – Nein, das ist nicht gesund.
7. Wo ist dein Radiergummi? – Er ist in meiner Schultasche.
8. Hast du einen Lieblingslehrer? – Ja, mein Mathelehrer ist mein Lieblingslehrer.
9. Was ist dein Lieblingsfach? – Mein Lieblingsfach ist Deutsch.
10. Gehen deine Freunde in deine Schule? – Ja, wir sind in einer Klasse.
11. Was machst du in der Pause? – Ich esse mein Frühstück und spiele mit meinen Freunden.
12. Wie lang ist dein Schulweg? – Ich brauche zehn Minuten mit dem Fahrrad.

Teil 3

Zum Beispiel:

1. Gib mir bitte einen Apfel. – Hier, bitte.
2. Hast du ein Lineal? – Ja, ich habe ein Lineal. / Nein, ich habe kein Lineal.
3. Möchtest du ein Glas Orangensaft? – Ja, gerne. / Nein, danke.
4. Zieh eine Jacke an. – Ja, mache ich.
5. Ruf mich an. – Ich rufe dich später an.
6. Möchtest du Basketball spielen? – Ja, gerne. / Nein, ich habe keine Lust.

Bildquellenverzeichnis

Cover: Foto: adobe.com/Jacob Lund/Jacob; Illu: Cornelsen/Irina Zinner; **S. 3** (8): Shutterstock.com/AnaitSmi; (9): Shutterstock.com/Sarioglou Vassilis; (10): Shutterstock.com/Kzenon; (11): Shutterstock.com/Hurst Photo; (12): Shutterstock.com/Vjom; (13): Shutterstock.com/saiko3p; (14): Shutterstock.com/Nadya Chetah; (unten links): Shutterstock.com/gorillaimages; (unten rechts): Shutterstock.com/Marina Datsenko; **S. 8** (Mitte rechts): Shutterstock.com/AnaitSmi; **S. 10** (Apfel): Shutterstock.com/grey_and; (Buch): Shutterstock.com/Tatiana Popova; (Kaugummi): Shutterstock.com/OlegDoroshin; (Lineal): Shutterstock.com/valzan; **S. 12** (von links nach rechts): Shutterstock.com/Cookie Studio; Shutterstock.com/Dean Drobot; Shutterstock.com/Roman Samborskyi; Shutterstock.com/Krakenimages.com; Shutterstock.com/Khosro; Shutterstock.com/Just dance; **S. 14** (Brotkorb): Shutterstock.com/Pinkyone; (Frühstück): Shutterstock.com/Sarioglou Vassilis; (Obstteller): Shutterstock.com/Karramba Production; (Orangensaft): Shutterstock.com/matkub2499; **S. 15** (unten rechts): Shutterstock.com/DW labs Incorporated; **S. 16** (oben rechts): Shutterstock.com/Roman Samborskyi; (unten rechts): Shutterstock.com/stockcreations; **S. 17** (Baklava): Shutterstock.com/Enez Selvi; (Brezel): Shutterstock.com/Christin Klose; (Thunfischbrot): Shutterstock.com/AS Food studio; **S. 18** (Mädchen): Shutterstock.com/insta_photos; (Smiley): Shutterstock.com/ober-art; **S. 19** (Bratkartoffeln): Shutterstock.com/Nataliia Pyzhova; (Folienkartoffeln): Shutterstock.com/RUM-photo; (Kartoffelpuffer): Shutterstock.com/stockcreations; (Spaghetti-Eis): Shutterstock.com/stockcreations; (Vanilleeis-Waffel): Shutterstock.com/Dmytro Flisak; (Waffeln): Shutterstock.com/Malin_82; **S. 20** (Brot): Shutterstock.com/Picture Partners; (Glas-Eis): Shutterstock.com/Africa Studio; (Marmelade): Shutterstock.com/Elena Schweitzer; (Pizza): Shutterstock.com/nelea33; (Tee): Shutterstock.com/Africa Studio; (Tomatensuppe): Shutterstock.com/Ermak Oksana; (Wasser): Shutterstock.com/Tarasyuk Igor; **S. 21** (unten rechts): Shutterstock.com/Celig; **S. 22** (unten rechts): Shutterstock.com/CREATISTA; **S. 23** (Daumen-Emoji): Shutterstock.com/Cosmic_Design; (Kalender): Shutterstock.com/creativestockexchange; (Sehr trauriger Smiley): Shutterstock.com/Yayayoyo; (Trauriger Smiley): Shutterstock.com/4zevar; (unten links): Shutterstock.com/Neirfy; (unten Mitte): Shutterstock.com/Kozlik; (unten rechts): Shutterstock.com/YanLev; **S. 24** (1): Shutterstock.com/bonandbon; (2): Shutterstock.com/Juice Dash; (3): Shutterstock.com/Muellek; (4): Shutterstock.com/YanLev; (Deutschland-Flagge): Shutterstock.com/MP_Foto; (Karneval): Shutterstock.com/Kzenon; (Österreich-Flagge): Shutterstock.com/Decha Photography; (Schweizer Flagge): Shutterstock.com/J_UK; (Weihnachtsgeschenke): Shutterstock.com/Pixel-Shot; **S. 27** (von oben nach unten): Shutterstock.com/insta_photos; Shutterstock.com/Rawpixel.com; Shutterstock.com/Dmytro Vietrov; Shutterstock.com/antoniodiaz; **S. 29** (Datum): Shutterstock.com/Nikolay132; (Kuchen): Shutterstock.com/Zerbor; **S. 30** (A): Shutterstock.com/MariaKovaleva; (B): Shutterstock.com/ZAKIR HUSSAIN2040; (C): Shutterstock.com/Luca Muench; (oben rechts): Shutterstock.com/gorillaimages; (Speisekarte 1, 2,3): Shutterstock.com/BrAt82; **S. 31** (Schwarzwälder Kirschtorte): Shutterstock.com/Anastasia Kamysheva; (Fondue): Shutterstock.com/stockcreations; (Gänsebraten): Shutterstock.com/Liliya Kandrashevich; (Karpfen): Shutterstock.com/Alex Chippendale; (Kartoffelsalat und Würstchen): Shutterstock.com/photocrew1; (Nockerl): Shutterstock.com/austrian photographer; (Panettone): Shutterstock.com/Paulo Vilela; (Printen): Shutterstock.com/Art_Pictures; (Raclette): Shutterstock.com/KREUS. (Stollen): Shutterstock.com/RESTOCK images; (Vanillekipfel): Shutterstock.com/A. Zhuravleva; **S. 33** (Brötchen): Shutterstock.com/Olga Nayashkova; (Kuchen und Kekse): Shutterstock.com/Africa Studio; (Lachender Smiley): Shutterstock.com/Yulia Glam; (Obst und Gemüse): Shutterstock.com/Pixelbliss; (Süßigkeiten): Shutterstock.com/izzet ugutmen; (Trauriger Smiley): Shutterstock.com/Yayayoyo; **S. 34** (1): Shutterstock.com/fizkes; (2): Shutterstock.com/fizkes; (3): Shutterstock.com/Galina Zhigalova; **S. 35** (oben links): Shutterstock.com/Pressmaster; (oben rechts): Shutterstock.com/carballo; (Uhren): Shutterstock.com/Veronika Zimina; (unten): Shutterstock.com/Veronika Zimina; **S. 37** (von links nach rechts): Shutterstock.com/New Africa; Shutterstock.com/Tarzhanova; Shutterstock.com/iprachenko; Shutterstock.com/Ruslan Kudrin; Shutterstock.com/Photo Win1; (Mitte rechts): Shutterstock.com/Hurst Photo; **S. 38** (1): Shutterstock.com/Roman Samborskyi; (2): Shutterstock.com/Prostock-studio; (3): Shutterstock.com/GaudiLab; **S. 40** (oben): Shutterstock.com/CHAjAMP; (unten): Shutterstock.com/Nejron Photo; **S. 42** (A): Shutterstock.com/Ruth Black; (B): Shutterstock.com/Monkey Business Images; (C): Shutterstock.com/SeventyFour; (D): Shutterstock.com/soo hee kim; (Mitte links): Shutterstock.com/Vjom; **S. 43** (Buch): Shutterstock.com/Tatiana Popova; (Kalender): Shutterstock.com/diego1012; (Musik): Shutterstock.com/Vectorry; (rechts oben): Shutterstock.com/spass; (rechts unten): Shutterstock.com/fizkes; (Süßigkeiten): Shutterstock.com/timquo; **S. 44** (oben rechts): Shutterstock.com/Africa Studio; **S. 50** (1): Shutterstock.com/mekcar; (2): Shutterstock.com/DrimaFilm; (3): Shutterstock.com/Ireine; (4): Shutterstock.com/Alexander Tolstykh; (5): Shutterstock.com/VLukas; (6): Shutterstock.com/Bela Zamsha; (7): Shutterstock.com/Alex Stemmers; (8): Shutterstock.com/hydebrink; (9): Shutterstock.com/Sabina Schaaf; S. 50 (10): Shutterstock.com/Ko Zatu; (Kirche): Shutterstock.com/Hayk_Shalunts; (Kirsche): Shutterstock.com/Alexlukin; **S. 51** (Auto): Shutterstock.com/Supertrooper; (Bus): Shutterstock.com/Nerthuz; (Fahrrad): Shutterstock.com/stockphoto-graf; (Flugzeug): Shutterstock.com/CGi Heart; (oben links): Shutterstock.com/Kseniia Perminova; (Regio): Shutterstock.com/Oleksiy Mark; (Schiff): Shutterstock.com/Lilkin; (Tram): Shutterstock.com/BearFotos; (U-Bahn): Shutterstock.com/Nerthuz; **S. 52** (1): Shutterstock.com/LeManna; (2): Shutterstock.com/Cineberg; (3): Shutterstock.com/Viktoriia Hnatiuk; (4): Shutterstock.com/mooremedia; (5): Shutterstock.com/Africa Studio; **S. 55** (Karte): Shutterstock.com/Artalis; (Koblenz): Shutterstock.com/Majonit; (Marktplatz): Shutterstock.com/saiko3p; (oben links): Shutterstock.com/Darren Baker; (oben rechts): Shutterstock.com/Markus Mainka; (Schwarzes Tor, Trier): stock.adobe.com/S.K./Stefan Körber; **S. 58** (Hafen): Shutterstock.com/proslgn; (Hütte am See): Shutterstock.com/Dmitry Naumov; (Klettern): Shutterstock.com/Vitalii Matokha; (Strand): Shutterstock.com/Nadya Chetah; **S. 60** (Karten oben): Shutterstock.com/32 pixels; (Palmen): Shutterstock.com/RaSveta; (Pferd): Shutterstock.com/AWK07; **S. 61** (1): Shutterstock.com/Sergey Novikov; (2): Shutterstock.com/Dean Drobot; (3): Shutterstock.com/Jacek Chabraszewski; (4): Shutterstock.com/Lopolo; (5): Shutterstock.com/Syda Productions; **S. 62** (Mitte rechts): Shutterstock.com/Lushengyi; **S. 63** (Karte Mitte): Shutterstock.com/M Four Studio; (Klettern): Shutterstock.com/Jakub Cejpek; (oben links): Shutterstock.com/S-F; (oben rechts): Shutterstock.com/Sven Hansche; (unten links): Shutterstock.com/bissun; **S. 66** (Mitte links): Shutterstock.com/4kclips; (Mitte rechts): Shutterstock.com/canadastock; (Mitte): Shutterstock.com/Guniva; (oben links): stock.adobe.com/Schlierner; (oben Mitte): Shutterstock.com/Roman Babakin; (oben rechts): Shutterstock.com/high fliers; (unten links): Shutterstock.com/Marina Datsenko; (unten Mitte): Shutterstock.com/Boris Stroujko; (unten rechts): mauritius images/hkp; **S. 67** (1): Stock.adobe.com/VogelSP/Peter Stein; (2): Stock.adobe.com/Samuel; (3): Shutterstock.com/Foto Para Ti; (4): Stock.adobe.com/karaboux; (5): Stock.adobe.com/Renate Erhart/Renate; (6): stock.adobe.com/Weitsicht; (7): stock.adobe.com/dalajlama; (8): tock.adobe.com/wb77; (Karte): Shutterstock.com/ii-graphics; **S. 70** ("Paula"): Shutterstock.com/fizkes; ("Marco"): Shutterstock.com/Dima_Yurchenko; ("Sarah"): Shutterstock.com/fizkes; (10 Euro Schein): Shutterstock.com/DesignRage; (Blumen): Shutterstock.com/New Africa; (Blusen): Shutterstock.com/MstudioG; (Bücher): Shutterstock.com/vipman; (Fünf-Euro-Schein): Shutterstock.com/Chones; (Geburtstagsparty): Shutterstock.com/Studio Romantic; (Kino): Shutterstock.com/Stock-Asso; (Stadt): Shutterstock.com/Sina Ettmer Photography; (Uhr): Shutterstock.com/My name is boy; (Zwei-Euro-Stück): Shutterstock.com/Karen Fotos; **S. 71** (Chips): Shutterstock.com/Yalcin Sonat; (Cola): Shutterstock.com/Theeradech Sanin; (Fußball spielen): Shutterstock.com/Sergey Nivens; (Klettern): Shutterstock.com/RossHelen; (Schokolade): Shutterstock.com/RESTOCK images; (Schwimmen): Shutterstock.com/Microgen; **S. 72** (Hängematte): Shutterstock.com/Pixel-Shot; (Schulfest-Icon): Shutterstock.com/SchottiU; (Sessel): Shutterstock.com/Brenda Carson; (Telefon): Shutterstock.com/agatha-vector; **S. 73** (Mitte): Shutterstock.com/Olena Zaskochenko; (unten): Shutterstock.com/stockpexel; **S. 76** (Apfel): Shutterstock.com/grey_and; (Basketball): Shutterstock.com/FocusStocker; (Buch): Shutterstock.com/Tatiana Popova; (Hemd): Shutterstock.com/Tarzhanova; (Lineal): Shutterstock.com/valzan; (Orangensaft): Shutterstock.com/matkub2499; (Smartphone): Shutterstock.com/guteksk7